유튜브 영어쌤들

혼공책들

 당신을 영어고수로 만들어 줄

유튜브 영어쌤들

오재영 지음

당신도 영어고수가 될 수 있다!

 유튜브에는 뛰어난 영어 선생님들이 많다. 영어지식을 나누는 유튜버가 되고자 다른 영어 선생님들의 동영상을 찾아본 것이 이 책을 쓴 계기가 되었다. 원어민들이 감탄할 영어실력과 풍부한 지도 경험, 그리고 따뜻한 마음을 가진 유튜버들을 알게 된 것은 먼저 필자에게 행운이다. 영상들을 보면서 많이 배웠다. 혼자만 알기에는 너무 아까웠고 이렇게 좋은 자료들을 수많은 유튜브 이용자들, 특히 영어공부를 하는 분들과 공유하고 싶었다.

 유튜브는 영어학습 컨텐츠의 바다와 같아서, 또 알고리즘 추천의 한계 때문에 초보자는 자기에게 딱 맞는 다양한 영상을 찾는 것도 쉽지 않다. 그래서 영어를 전공하고 15년간 영어를 가르쳐 온 필자가 매의 눈으로 듣기, 읽기, 말하기, 쓰기, 문법, 단어암기, 발음으로 영역을 구분하여 각 영역별 고품질 채널을 골랐다. 구독자수, 조회수와 영상길이, 댓글을 참고했고 거의 모든 동영상을 처음부터 끝까지 다 보았다. 하지만 별로 오래 걸리지 않았다. 긴 영상은 외면당하기에 모든 분들이 핵심만 뽑아 올렸기 때문이다. 필자부터 이 영상들을 너무나 재미있게 시청했다. 요즘은 살기가 힘들어졌다지만 인터넷의 수많은 영어고수들에게 무료로 배울 수 있다는 점에서는 세상 좋아졌다.

 이 책은 독자들을 유튜브 동영상으로 인도하는 안내서이다. 텍스트보다 이미지를 좋아하는 세대들이 쉽게 훑어볼 수 있도록 줄글은 줄이고 동영상 화면캡쳐 위주로 구성했다. 각각의 화면캡쳐는 선생님들이 가르치는 내용의 핵심을 드러내는 것으로 하려고 노력했다. 줄글을 다 읽지 않고 화면캡쳐에 포함된 자막만 읽어도 중요한 내용을 짐작할 수 있을 것이다. 각각의 유튜브 채널에서 가장 추천할 만한 영상 1개를 주로 다뤘지만 그 영상을 보면 해당 채널의 다른 영상들도 꼬리에 꼬리를 물고 보게 될 것이다.

소개한 쌤들 중 대부분은 한국인이다. 이 분들은 영어공부하는 독자들의 마음을 잘 아는 우리나라 사람이다. 어떻게 하면 영어를 잘 할 수 있는지 듣기, 읽기, 말하기, 쓰기 등의 각 영역별로 유익한 꿀팁과 따뜻한 격려의 말이 넘쳐난다. 영상을 보면서 이런 선배 유튜버들을 본받고 싶다는 마음이 들었고 기분이 저절로 좋아질 때가 많았다. 독자들이 이 책에 나온 영상들을 보고 영어를 잘 하게 되고, 원하는 영어실력으로 더 큰 목표들을 성취하길 기대한다.

2023년 9월
오재영

Contents

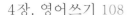

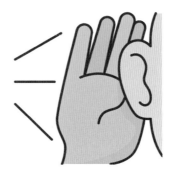

1장. 영어듣기

이영시 Summer Park

구독자 30.8만명 • 동영상 228개

추천동영상1: 영어듣기 연습 #1(22분)

● Summer 쌤은 영어 때문에 막혀 있는 우리의 잠재력을 끌어내기 위해 이 채널을 운영한다. 21살부터 본격적으로 영어 speaking 공부를 시작했지만 지금은 국제비영리기구에서 활동할 만큼 영어에 능통하다. 10년 동안 영어공부를 하며 겪었던 경험들, 노하우, 독학하면서 범한 실수 등을 공유한다.

Summer 쌤이 영어공부를 하며 느낀 다른 점은 한국인들은 영어울렁증이 큰데 이로 인해 많은 기회를 놓친다는 거다. 유럽이나 남미인들은 한국인과 비슷한 실력일지라도 영어공포증이 없어서 영어가 빨리 는다.

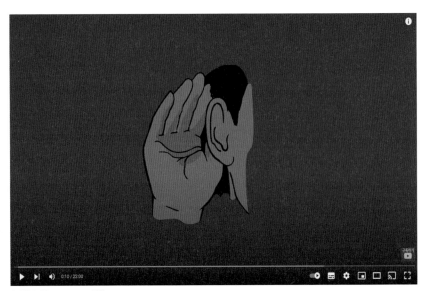

영어듣기 연습 #1 (Ft. Wongfu 영화) English Listening practice

이영시 Summer Park
구독자 30.8만명

영어듣기 연습 #1"은 조회수 206만회인 인기동영상이다.

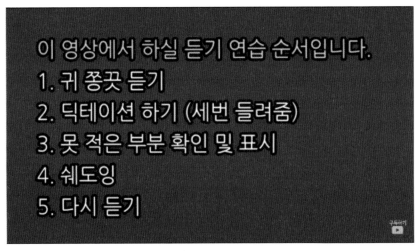

연습순서는 위에 나오는 것과 같다. 영화를 보면서 하기 때문에 별로 지루하지 않다.

영화 장면을 몇 번 반복해서 보여주며 듣기 연습을 진행한다.

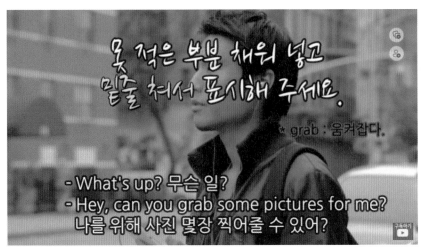

자막과 해석이 제공되고 연습하는 방법도 자막으로 제시한다.

이영시 영어듣기 연습 시리즈는 현재까지 32개의 동영상이 업로 드 되어있다. 포맷은 모두 비슷하다. Summer 쌤이 운영하는 www. startenglishnow.net에 가면 원어민이 선택한 중고급 영어표현, 영어 학습법, 기초영어 개념정리 동영상 등도 볼 수 있다.

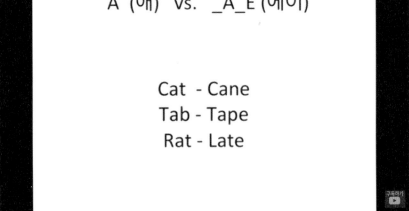

ep19. 영어 모음 글자만 보고도 쉽게 읽자! [20대에 영어 시작하기] 이영시, 영어, 영어발음, 영어공부

 이영시 Summer Park
구독자 30만명

🔔 구독중 ⌄   👍 4.8천   👎   ↗ 공유   ↓ 오프라인 저장   ⋯

조회수 43만회 6년 전 🔖 이영시 영어공부 방법론

조회수 43만회인 "영어 모음 글자만 보고도 쉽게 읽자!"도 추천한다.

이영시 Summer Park

단어/표현 잘~ 외우는 방법 5가지 팁

130,573회 · 2017. 9. 6   👍 3.5천 👎 85 ➡ 공유 ➡ 저장

또한 영어학습에 유용한 웹사이트와 정보들을 제공하는 "영어 단어/표현 잘~ 외우는 방법 5가지 팁"도 내용이 매우 유익하다.

댓글들…

- "완료" 으흐흐

- 이제 처음부터 시작합니다. 근데 넘 안들려요…ㅜㅜ

- 뿌듯..완료입니다. 중략 잘 들을수 있는 그날을 위하여 저스스로에게 응원합니다..

- 완료!!!! 이영상이 만들어 진지 2년이 됐는데도 저같은 시청자가 많겠죠????

- 완료입니다 ^^ 학습 위해 디테일한 손작업 감사드려요~   오!

- 이제서야 이런 체널을 알게 되다니!!!

- 오늘부터 시작해요! 끝까지 잘 따라갈게요

- 완료!!!! 영어듣기가 잘 늘지 않아서 고민였는데 넘 만족하고 조금씩 뚫리는 느낌적인 느낌!! 너무 감사해요♡♡♡

21살에 본격적으로 영어공부를 시작하여 영어능통자가 되다·   **1장 영어듣기 13**

김교포

구독자 12.5만명 • 동영상 579개

추천동영상1: 영어듣기 잘 하는 방법(34분9초)

영어 듣기 잘하는 비법

김교포 ☑
구독자 12.5만명   가입   🔔 구독중 ∨   👍 3.2만   👎   ↝ 공유   ⬇ 오프라인 저장   ✂ 클립   ⬆ 저장   ⋯

● 조회수 205만회인 "영어듣기 잘 하는 방법"에서 David 쌤은 학원에서 가르치면서 효과를 직접 경험한 리스닝 연습방법들을 유창한 한국어와 영어로 재미있게 알려준다. 8년 전에는 한국말을 전혀 못했지만 지금은 잘 한다. David 쌤은 목소리도 좋은 한국사람 같은 외국인이다. 파고다어학원에서 청취/회화를 가르치면서 36개월 중 24개월 전체과목 수강생 만족도 1위를 차지했던 검증된 영어강사이기도 하다. 영어표현들의 뉘앙스 차이 설명과 미국 문화 배경설명에도 능하다.

미드와 영화장면들을 이용하기 때문에 시간이 순삭이다. 유명인 성대모사도 하고 이해를 돕기 위해 짧은 연기도 한다. David 쌤의 영상들은 흥미진진하다.

풍부한 표정과 제스처도 보는 재미를 더해주고 영어와 관련된 흥미로운 이야기도 들려준다.

영어가 잘 안 들리는 이유를 6가지로 나눠 제시한다.

David 쌤은 우리는 배려영어(아주 천천히 하는 영어)에 너무 익숙하다고 말한다. 실제상황에서 원어민들은 우리가 영어 리스닝 시험에서 들은 속도보다 훨씬 빠르게 말한다는 것을 영상과 직접 시연으로 보여준다. 토익에서 만점을 받아도 원어민과 실제로 대화할 때 잘 못 알아듣는 경우가 자주 있을 수 있다.

영어를 자연스럽게 말하는 비법도 공개한다.

조회수 19만회인 "외국인도 안 들리는 미국식 영어"와 30만회인 "원어민들은 영어를 이렇게 듣고 얘기한다! 꿀잼 미드영어"도 추천한다.

댓글들…

- 목소리가 보급형 이선균이시네요

- 뭐하시는분임?? 왜케웃겨 개그맨이심?? 겁나 매력있네 ㅋㅋㅋ 구독합니다

- 디테일한 정보 감사드립니다.

- ㅋㅋㅋ 개공감…ㅠㅠ

- 토익시험즘 없어졌으면.

- 9:40 '츄'럼프 성대모사 개찰짐ㅋㅋㅋ

- 근데 왜 한쪽 눈썹만 화가 났나요

- 영어 잘하는 비법이 아주 잘 정리되어 있네요, 감사합니다! 주변 사람들에게도 많이 권하겠습니다.

바로영어 by세진쌤

구독자 26.6만명 • 동영상 250개

추천동영상1: 영어 리스닝, 소리를 듣는 것이 아니에요 | 귀가 트인다는 것의 의미 | 리스닝 훈련법 | 영어독학(12분1초)

세진쌤이 가장 추천하는 방법은 무엇인지에 대해서

영어 리스닝, 소리를 듣는 것이 아니에요 | 귀가 트인다는 것의 의미 | 리스닝 훈련법 | 영어독학

세진쌤's 바로영어
구독자 26.6만명 🔔 구독중 ⌄ 👍 2.8만 👎 ↪공유 ⬇오프라인 저장 ✂클립 ⊞+ 저장 ⋯

조회수 107만회 2년 전

● 조회수 107만회인 이 영상에서 세진 쌤은 그 동안 자신의 학습경험과 학생들을 가르친 경험을 바탕으로 영어듣기 실력을 가파르게 올릴 수 있는 방법을 공유한다.

영어 무작정 많이 들으면 정말 들릴까요

무조건 많이 듣는 것이 영어 리스닝 실력향상에 크게 도움이 되지 않는
이유도 알려준다.

텍스트 이해가능함 + 소리에 익숙해짐
이 두 가지가 합쳐 져야지

이해가능한 텍스트에 소리에 익숙해지는 것이 더해져서 리스닝 스킬이
된다는 것을 설명한다. 세진 쌤의 가르침에서 영어교육론에 대한 깊이
있는 이해가 느껴진다.

저의 개인적인 리스닝 공부에 대한 얘기를 잠깐 해 볼게요

세진 쌤 본인의 리스닝 연습방법도 소개한다.

세진 쌤은 가장 효과적인 리스닝 공부방법을 아래 세 가지로 요약한다.

1. 이미 내용을 알고 있는 듣기자료를 반복해서 듣는 것이 청취실력을 가파르게 상승시킨다. 이건 초보자뿐만 아니라 상급자에게도 적용된다.

2. 임계치를 넘어야 한다. 일정 시간 이상을 자기가 알만하거나 그것보다 조금 어려운 영어에 노출되는데 써야 한다.

3. 따라 읽기 - 알고 있는(읽어 본) 텍스트를 계속 듣고 따라하는 것이 매우 효과적이다.

마지막 부분에서도 이 영상의 핵심적인 가르침 - "내가 읽었던 영어 원서를 오디오북으로 반복해서 듣는 것" -을 정리해 준다. 다른 인기 영상 중에 조회수 208만회인 "영어실력 가장 싸고 빠르게 늘리는 현실 방법 ft.서울대 영교과 교수님"과 조회수 44만회인 "내 방에서 찐 어학연수 하게 만드는 사이트 3개"도 꼭 봐야할 영상이다.

바로영어 by세진쌤

댓글들…

- 10:37 뜬금미소 핵귀

- 영어도 영어지만 한국말도 참 똑부러지게 잘하네.

- 영어 공부 십년한 입장에서 백퍼 동의 합니다

- 진짜 공감가는 것도 많고 제가 늘었던 순간 생각해보면 비슷한 경험들이 있었어요

- 똑똑하고 넘 이쁘다요…. 완전 내 이상형….

- 목소리 톤 부터 똑똑 소리가 납니다!!♡♡

- 추천을 한번만 드릴수 없는게 아쉽네요 :)

- 영어공부계의 히딩크 감독님…

Sarah in LA

구독자 1.46만명 • 동영상 50개

추천동영상1: 영어듣기 연습을 위한 시간대비 최고의 방법! Listening 과 Hearing 은 완전히 다릅니다! 영어듣기 효과 엄청 본 방법과 컨텐츠를 공유합니다. (7분19초)

들기를 잘 하기 위해서 모든 App, Study, Movie 등등 안 해 본게 없습니다

영어듣기 연습을 위한 시간대비 최고의 방법! Listening 과 Hearing 은 완전히 다릅니다! 영어듣기 효과 엄청 본 방법과 컨텐츠를 공유합니다.

Sarah in LA
구독자 1.46만명   🔔 구독중 ∨   👍 2.2천 👎 ↗ 공유 ⬇ 오프라인 저장 ✂ 클립 ⊡+ 저장 ⋯

조회수 10만회 3년 전

● 조회수 10만회인 이 영상에서 영어듣기를 잘 하기 위해서 수 없이 많은 방법들을 다 써봤던 Sarah님은 영어듣기 연습을 위한 시간대비 최고의 방법을 시청자들과 공유한다.

" 리스닝은 정말 paying attention to 하면서 듣는게 리스닝이구요 반면에 hearing은 들리는 것 혹은 무의식적으로 내가 듣는 것이 hearing 이라고 할 수 있어요"

자막 과 함께 미드나 영어영상을 보는 것은 "보는 것" 과 "읽는 것"이 같이 진행되기 때문에 온전히 듣기에만 집중하지 않는 수동적인 Hearing 이 됩니다

첫 번째 추천 방법
미드 1편 3번 보기 방법
1미드 3반복

"이렇게 하니까 듣기가 정말 많이 늘더라고요"

어~ 이런 리스닝 연습법도 있었네!

"이거는 정말 강추하는 방법인데요"

"중급이상이신 분들은 이것을 정말 추천합니다"

어~ 이런 리스닝 연습법도 있었네!

쉬운 이해를 위해 Delayed Subtitles example을 보여드릴게요!!

☞ 저자 첨언: 한국에서는 현재 example 영상 실행이 안되지만 유튜브 등에서 Delayed Subtitles 자료들을 찾을 수 있고 자막 딜레이 하는 법도 구글링하면 알 수 있다.

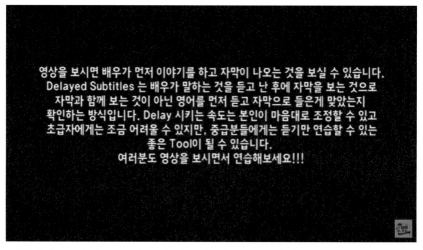

영상을 보시면 배우가 먼저 이야기를 하고 자막이 나오는 것을 보실 수 있습니다. Delayed Subtitles 는 배우가 말하는 것을 듣고 난 후에 자막을 보는 것으로 자막과 함께 보는 것이 아닌 영어를 먼저 듣고 자막으로 들은게 맞았는지 확인하는 방식입니다. Delay 시키는 속도는 본인이 마음대로 조정할 수 있고 초급자에게는 조금 어려울 수 있지만, 중급분들에게는 듣기만 연습할 수 있는 좋은 Tool이 될 수 있습니다.
여러분도 영상을 보시면서 연습해보세요!!!

"좋아하는 컨텐츠로 꾸준히 하는게 진짜 중요한데요"

저는 개인적으로 영화로 Listening 공부하는 것은 비추입니다

영화는 Listening 이 되지 않는 extra scene 이 너무 많이 나옵니다

"짧은 미드나 유튜브 영상을 통해서 공부를 하는 것이 사실 더 효과적인 것 같아요"

"영화나 미드에 나오는 영어는 일상생활에서 쓰기 힘든 표현들이 있을 수도 있는데 인터뷰는 진짜 도움이 많이 됐던 것 같아요"

Sarah in LA

어~ 이런 리스닝 연습법도 있었네!

댓글들

- 너무너무 좋은 팁 감사합니다!

- 정말 정말 군더더기, 뻥튀기 없는 유익한 영상이네요……

- …….요즘 리스닝이 제일 큰 고민인데 좋은 영상 감사합니다 ㅠㅠ 자막 관련해서는 처음 듣는 공부법인데 아이디어 좋네요

- 경험을 나누어 주셔서 감사해요!

- Listening이랑 hearing이랑 다른다는거 너무 공감합니다! 미드 3번 보는 방법은 저도 추천하는 방법인데 초보에게 진짜 좋은 팁이에요! Delayed subtitle이 될수 있는지 몰랐는데 그것도 진짜 너무 좋은 방법이네요 ^^

- 화법이 굉장히 좋으시네요. 목소리와 어조, 어투 모든 요소가 정말 안정적으로 느껴집니다. 덕분에 정보가 더 쏙쏙 잘 들어오는 것 같아요!!

- …자막을 좀 느리게 설정하는 건 생각도 못했는데 꿀팁이네요 감사합니다…

- 아…… 정말 좋은 말씀 감사합니다. 구독 조아요 누르고 갑니다^^

켄드라 랭귀지 스쿨

구독자 580만명 • 동영상 871개

추천동영상1: 기초 영어 듣기 레슨
 - 영어 듣기 실력을 기르세요(2시간 23분)

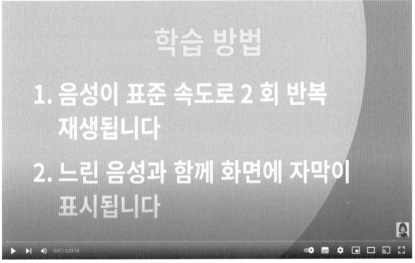

기초 영어 듣기 레슨 - 영어 듣기 실력을 기르세요

켄드라 랭귀지 스쿨
구독자 580만명   🔔 구독중 ∨   👍 1.2만   👎   ⮧ 공유   ⬇ 오프라인 저장   💲 Thanks   ✂ 클립   ⋯

조회수 93만회 4년 전

● 조회수 93만회인 이 영상은 실제 듣기 연습을 할 수 있는 좋은 자료이다. 시청하는 것 만으로도 청취실력이 향상된다. 자막에 나오는 학습방법을 따라 하면 된다.

원어민들이 말하기 속도를 정상속도와 느린 속도로 읽어 주고 발음기호도 표시된다.

812개의 실생활에서 자주 쓰는 영어문장을 들려준다. 원어민이 자막 없이 두 번 읽어 주고 나서 자막과 해석이 제공되기 때문에 어떤 단어와 문장을 못 알아들었는지 금방 분명하게 알 수 있다. 모두 자주 쓰이는 유용한 표현들이라서 영어회화 향상에도 도움이 많이 된다.

효율적인 영어 듣기 트레이닝 - 자연스러운 영어 발음을 들으며 연습하세요
조회수 1,427,831회 · 2019. 6. 24.   👍 1.7만   👎 859   ↗ 공유   ≡₊ 저장   ⋯

 켄드라 랭귀지 스쿨 - Kendra's Language School   구독중   🔔
구독자 338만명

비슷한 형식의 다른 인기 영상 "효율적인 영어 듣기 트레이닝"도 추천한다. Kendra's Language School은 영어 뿐만 아니라 프랑스어, 중국어, 일본어 등 외국어 학습자료를 제공하는 유튜브 채널이다.

인터넷 무료 어학원 다녀 보세요.

댓글들…

- 내 달팽이관이 웅장해진다

- 와 이방법 너무 좋네요

- 와 대박친절. 이런건 영상 하나로 있는게 맞는듯…

- 이런게 진짜 고급자료군요, 너무 감사드립니다. 복받으실 거에요^^

- 빨리 말하는게 먼저 나와서 더 좋은거 같아요!!

- 감사합니다 '!!!!!!!

- 제일 효율적이고 유용한 컨텐츠인듯!

- 처음부터 너무 욕심 안내고 틈틈이 들으니 부담도 안되고 재미있네요

2장. 영어읽기

영어 읽기는 1부(왕초보용)-영어 알파벳 ABC부터 읽는 법 배우기와 2부-읽고 이해하는 능력(Reading comprehension) 향상시키기로 구분했다.

1부. 영어 알파벳 ABC부터
읽는 법 배우기

$A B C D$

2부. 읽기능력 향상시키기

1부. 영어 알파벳 ABC부터 읽는 법 배우기

친절한 대학
구독자 100만명 • 동영상 779개

추천동영상1: 다시 배우는 영어 읽는 법_50년전 배운 영어 다시 읽을 수 있게 해드립니다. (1시간 23분)

다시 배우는 영어 읽는법 _ 50년전 배운 영어 다시 읽을 수 있게 해드립니다. (백과사전식) (친절한 대학 정주행 78편)

친절한 대학
구독자 100만명   🔔 구독중 ∨

👍 22만   👎   ➥ 공유   ⬇ 오프라인 저장   ✂ 클립   ⊟ 저장   …

조회수 881만회 4년 전 영어 왕초보 탈출 ! 영어 읽기

A a
에이 에이
Date 데이트

A a
에이 어
Ago 어고

● 영상 제목에서 알 수 있듯이 이 강의는 영어를 다시 배우는 만학도들에게 초점이 맞춰져 있다. 조회수 881만회인 "다시 배우는 영어 읽는 법_50년전 배운 영어 다시 읽을 수 있게 해드립니다."에서 이지쌤은 알파벳 읽는 법을 정말 친절하게 가르쳐준다.

따라읽기도 같이 한다. 연습을 함께 하기 때문에 소리를 익히는데 도움이 된다. 단어의 뜻보다 발음에 집중하는 수업동영상이다. 특히 영어 기초가 부족한 분들에게 유익한 영어 알파벳 읽기 수업이다. 뿐만 아니라 중급자들에게도 발음의 기본을 익히는데 도움이 된다.

C c
씨 쉬
Social 쏘쉬얼

C c
씨 취
Cello 취엘로

영어 알파벳의 대부분은 하나 이상의 소리가 나는데 이것들을 모두 자막과 시연으로 보여준다. 예를 들면 /C/는 /ㅋ/, /씨/, /쉬/, /취/와 비슷한 소리가 난다.

이지 선생님의 발음과 여유 있고 친절한 말투를 들어보면 실제 영어 수업경험이 아주 풍부해 보인다. 누구나 개인과외 선생님으로 모시고 싶을 만큼 친근한 이미지가 있다.

댓글들…

- 90대 할머니가 이걸 다 들었습니다. 감사해요~

- …~ 왜 다들 영어 가르칠때 저렇게 알려주지 않은건지 … ㅠㅠㅠ

- 아 근데 진짜 세상에서 가장 친절하시네….고맙습니다

- 81살 인데오늘처음들었는데요 계속들어야겠네요 에이비시디도 모르는데 정
말감사합니다

- 속이 다 시원해여

- 체크남방 멋져요…

- …전 55세입니다 늦었다고 생각했는데 정말 귀에 쏙쏙들어오게 가르쳐주시
네요…

- 드디어 찾은 영어공부 감사감사 이제부터 제가 열심히 봐야 겠네요 구독 좋앙
요

- 시간 금방가네요~~ ^^

- 손자같은 미남 선생님!!…

프랭크쌤영어

구독자 46만명 • 동영상 681개

추천동영상1: [프랭크쌤영어_레벨1] 영어읽기1 (파닉스)_알파벳배우기 (17분49초)

[프랭크쌤영어]영어읽는 법1(파닉스)_알파벳배우기

프랭크쌤영어
구독자 46만명 🔔 구독중 ⌄

👍 3만 👎 ↗ 공유 ↓ 오프라인 저장 ⓢ Thanks ✂ 클립 ⋯

조회수 285만회 6년 전 #기초영어 #알파벳 #영어회화

● 조회수 285만회인 "[프랭크 선생님영어_레벨1] 영어읽기1 (파닉스)_알파벳배우기" 에서 프랭크 쌤은 A부터 Z까지 대문자와 소문자를 칠판에 하나씩 쓰면서 비슷한 한글소리와 대비시켜서 알기 쉽게 알파벳 각각의 대표적인 소리를 설명한다.

영어를 처음 배우는 학습자들도 알아듣기 쉽게 차근차근 가르친다.

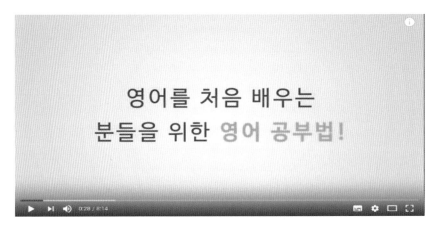

영어읽는 법에 대한 세상에서 가장 친절한 강의 1강 (파닉스 소개)_프
랭크쌤

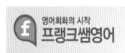

영어읽는 법에 대한 세상에서 가장 친절한 강의 2강 (파닉스)_프랭크 쌤

영어읽는 법에 대한 세상에서 가장 친절한 강의 2강 (파닉스)_프랭크쌤

"영어 읽는 법에 대한 세상에서 가장 친절한 강의" 시리즈도 왕초보 학습자들에게 매우 추천할 만하다.

영어 읽는 법에 대한 세상에서 가장 친절한 수업　　　**2장 영어읽기 45**

댓글들…

- 1:54 시작임

- 선생님 감사드려요. 쉽게.이해.시켜주십니다!! 왕왕 초보입니다!!

- 선생님 60대 인되요 영어공부가 잘되네요 재미있어요 어렵게만 생각해는데 감사합니다

- 너무너무 머리에 잘들어와요! (구독 누름.)

- M할때 내가니 애미다ㅋㅋㅋㅋㅋㅋ

- 전초등학교2학년인데 재미있게보고 있어요!

- 이 강의 벌써6번봤음..

- 저 영포자인데 공부됩니당

2부. 영어 읽기 능력 향상시키기

또선생
구독자 32만명 • 동영상 222개

● 또선생은 수천개의 영어 성적 상승 후기가 있는 유튜브 채널이다.

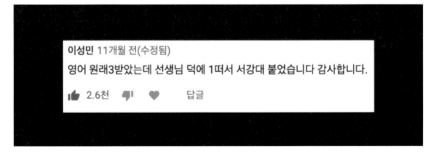

수천개의 영어 성적 상승 후기가 있는 유튜브 채널   **2장 영어읽기 47**

추천동영상1: 영어 독해 안되는 사람 꼭 보세요 | 중등,고등,토익,공시생도 가능 | 1
(11분 14초)

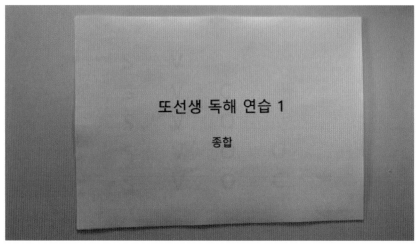

조회수 108만회인 이 영상은 다양한 시청자층-중고등, 토익, 공시생 포함-에게 강추할 만한 쉽고 명쾌한 독해강의다.

기초부터 확실히 다져준다.

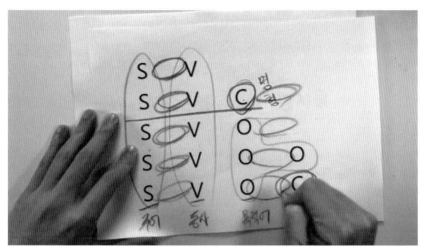

필수요소 사이에 거품이 껴서 독해가 어렵다.

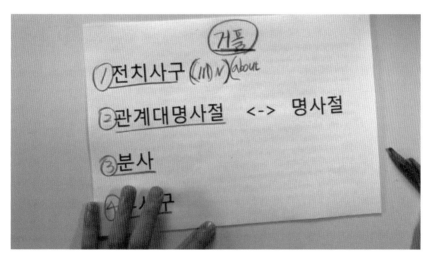

전치사구 거품을 설명한다.

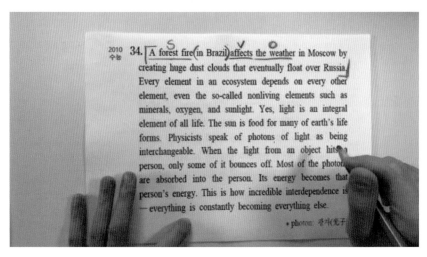

초보자들은 영어 문장이 두 세줄 만 되어도 독해가 어려워진다.

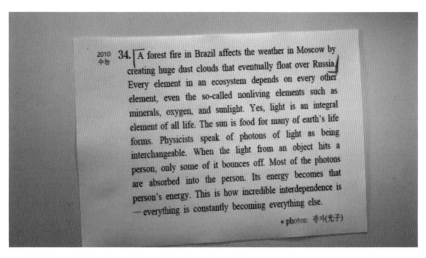

또선생님이 문장을 지정해서 시청자가 해석도 해보고 필수요소도 찾아
볼 시간을 준다.

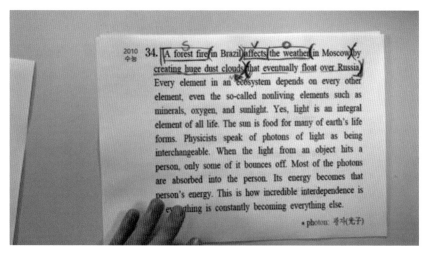

색연필로 괄호, 밑줄, 색칠 등을 하며 문장을 분명하게 분석해 준다. 거품을 들어내면 뼈대가 보인다.

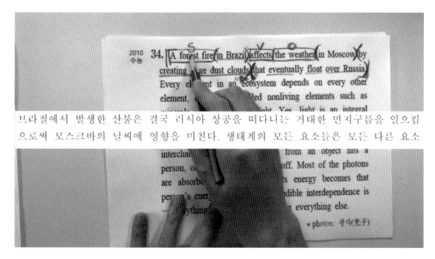

필수성분과 거품을 하나 하나 집어가며 문장의 정확한 뜻도 확인시켜 준다.

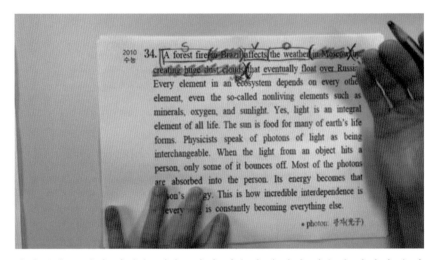

하위권이 독해가 어려운 이유: 영어 어순과 우리말 어순이 달라서 순서대로 해석이 안된다. (직독직해 안됨) 게다가 거품을 묶어서 가려내는 것을 못하기 때문에 끊어읽기를 어려워한다. 끊어읽기 연습을 충분히 해야 한다. 그러다 보면 해석력이 향상된다.

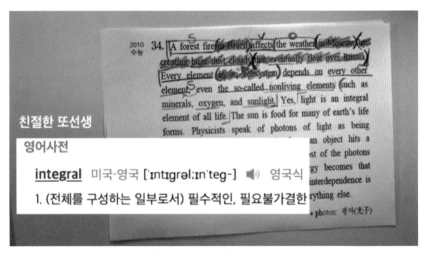

해석에 꼭 필요한 중요단어는 사전 의미도 제공된다.

많은 초보자들은 be동사 해석도 잘 안된다. 중간 중간 알기 쉬운 문법 강의도 좋다.

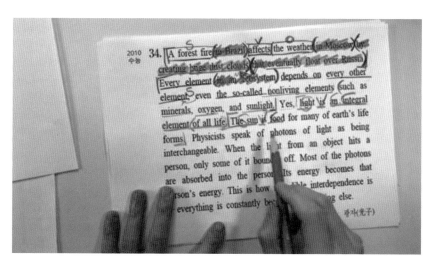

방금 한 문법강의를 바로 독해에 적용해서 보여준다.

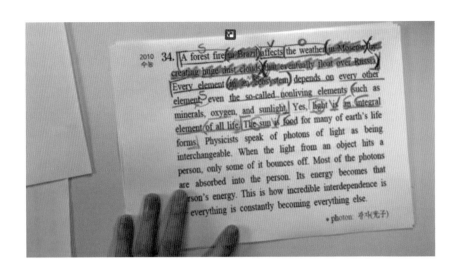

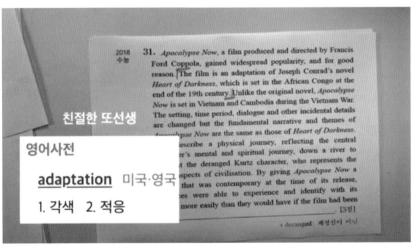

이런식으로 몇 문장 더 설명해준다.

또선생

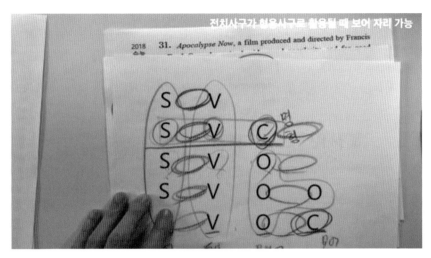

독해문제를 풀려면 해석이 돼야한다. 거품을 들어내고 뼈대를 찾으면 문장이 보인다.

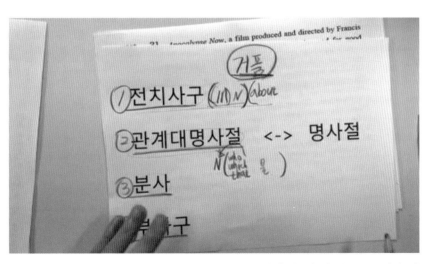

"이번시간엔 전치사구 했고 다음엔 관계대명사절 해 볼게요". 다음에 다룰 컨텐츠도 예고해 주신다.

댓글들

- 원래 댓글 안쓰는데 진짜 지금까지 들은 많은 인강과 유튜브를 합쳐도 쌤이 최고인거같아요ㅠ…

- 얼굴도 본적없는, 수능과 내신을 준비하는 학생들을 위해 본인의 소중한 시간을 써가면서 영상제작하시는게 쉬운것이 아님을 압니다 항상 감사합니다

- 이미 수능 다 치고, 고등학교도 졸업했지만 이 분은 진짜입니다.. 수능 영어에 대해 정말 깊게 통찰하시고, 학생들 관점에서 영어를 별 거 아닌듯 정말 쉽게 가르쳐주셔요! 덕분에 모고 매일 4등급 나왔었는데 수능 때 2등급 받았습니다.

- 진짜 이런 강의가 필요했어요. 파편으로 존재했던 문법 지식들을 단숨에 정리할 수 있었습니다. 정말 감사드려요!!

- 또선생님 2021년 독해강의 듣고 지금 강의에서 해석해보라고 하셔서 직접해보는데 너무 신기할 정도로 해석이 되네요. 진짜 이렇게 완벽한 강의 처음 들어봅니다……

- 상위권 학생들에게도 다시 기초 다지기에 좋고, 하위권 학생들에게는 기초 잡기에 좋은 것 같아요!! 진짜 도움 많이 되었습니당

- 나이 40에 독해공부 이것저것 해봤는데 선생님처럼 이해력 높은 강의는 처음입니다. 다시 영어공부해서 잘 배우도록 하겠습니다. 감사합니다.

- 쌤 진짜 감사합니다!! 학생의 공부 방향을 잡아주는 참선생이십니다 ㅎㅎ

영어의사 알렉스

구독자 14.1만명 • 동영상 74개

추천동영상1: 영어 독해 실력 기르는 꿀팁(7분8초)

영어 독해 실력 기르는 꿀팁

● 알렉스 쌤은 영포자 출신 미국 의사이다. 조회수 6.9만회인 이 영상에서 미국에 이민가서 언어 때문에 고생을 많이 한 후, 어떻게 영어를 잘 하게 되었는지 말해준다. 의대입학과 의대 공부를 위해 꼭 필요한 독해실력을 어떻게 길렀는지 조언한다. 첫 번째 팁은 본인의 수준에 맞고 흥미를 느끼는 읽을거리를 고르라는 것이다. 소설, 수필 등 자기 관심분야의 자료를 찾아야 한다. 두 번째는 자기가 모르는 단어의 뜻과 문장을 정리한 본인만의 단어장을 만들어 가라는 것이다. 이렇게 하는 데는 시간이 많이 걸리지만 독해 기초실력을 쌓는데 좋은 방법이다. 모르는 단어의 뜻을 곱씹어서 이해하고 그 단어가 들어간 문장의 의미를 다시 새겨보면서 읽기 능력이 좋아진다고 말한다.

영포자 출신 미국 의사가 알려 주는 독해실력 기르는 법

댓글들…

- 선생님 많이 피곤해보이세요┬┬몸관리 잘하세요!

- 요령피우려다 선생님 영상보고 정신 바짝드는 경우가 한두번이 아닙니다~

- 진짜 좋은 내용이에요~~늘 응원하고있습니다^^

- 오늘도 영상 감사해요

- 목소리, 발성, 어조 이런 거가 되게 좋으세요

- 내용 진짜 공감되네요.

- 와 내가 찾고 있는 답을 그 대로 말해주네 만약에 형이 내 형이 였으면 영어

실력은 그냥 미국인 수준인데 ㅠ·ㅠ

- 진실로 구독자들을 생각하는게느껴지는 영상입니다 감사해영

영어의사 알렉스

쓰는 영어

구독자 26.6만명 • 동영상 248개

● 셀리 선생님은 미국 시카고에서 TESL석사를 하고 석사과정에서 만난 미국인 남편과 함께 한국으로 돌아와 강남 대형학원에서 12년 동안 대표강사로써 영작과 토익만점강사로 토익을 가르쳤다. 전공으로 배웠던 영어교육과 미국인 남편과의 문화차이를 통한 언어의 이해, 그리고 10년동안 매일 100-200개에 달하는 학생들의 글을 첨삭하면서 쌓인 빅데이터가 영어 강사로써 꼭 필요한 지식과 컨텐츠를 갖게 해 주었다고 밝힌다. 그 결과 10년간 강남 대형학원 스타강사로 일할 수 있었고, 이제는 그런 전문지식, 경험과 열정을 더 많은 분들과 나누고 도움이 되고자 이 유튜브 채널을 운영하고 있다.

[영어독해의 모든 것]영어책 고르는 방법, 읽는 요령[독해법], 방법, 추천도서등 한방정리

 쓰는영어
구독자 26.6만명
가입 🔔 구독중 ∨

👍 2.7천 👎 ↗ 공유 ⬇ 오프라인 저장 ✂ 클립 ☰+ 저장 ⋯

조회수 6.4만회 2년 전 #성공비결 #영어책읽기

영어독해의 모든 것을 한방에 정리해 드려요.

추천동영상1: [영어독해의 모든 것]영어책 고르는 방법, 읽는 요령[독해법], 방법, 추천도서등 한방정리 (11분 40초)

조회수 6.4만회인 이 영상에서 셀리 선생님은 포기 없는 영어책 읽기의 성공비결을 밝은 목소리로 알려주신다. 그동안 학생들에게 받았던 독해에 대한 질문들이 다 정리되어 있다. 영어책 읽기에 도전했다가 포기하신 분들은 반드시 봐야할 영상이다.

성인 언어학습에서는 읽기, 쓰기, 말하기, 듣기 연습을 동시에 해야 균형잡힌 언어능력을 구사할 수 있다. 이중에서 특히 리딩이 중요한 이유는 다양한 문장구조를 꼼꼼하게 생각하면서 볼 수 있고 장소, 시간에 구애받지 않고 시간 날 때 마다 보면서 연습할 수 있기 때문이다. 그러므로 책 읽기 요령은 정말 중요하다.

1. 어떤 책을 읽어요?

어린이 동화책: **짧고 쉽다 라는 특징은 있으나**
성인이 읽기에 재미가 없고
(정신 수준이 안 맞음,
영어는 좀 못해도 난 수준있는 성인이다!)
어휘가 실생활의 쓰임과 잘 안 맞는다.

무조건 쉽다고 어린이책만 읽는 것은 답이 아닐 수도 있다.

1. 어떤 책을 읽어요?

영어 신문: **정신적 수준은 교양있는 나와 잘 맞으나,**
어휘가 실생활에 쓰기에 잘 맞지 않고
영어 실력이 꽤 높아야 이해되는
문장구조와 내용들로 가득차 있습니다.
(즉, easy reading이 안됨)

"신문도 비추일 것 같습니다"

1. 어떤 책을 읽어요?

셀리의 추천!
십대들을 위한 책: **내용이 자극적이고 쓰레기 같지만
내용이 중독성 있고 재미 있습니다.**
(즉, 영어가 힘들어도 버틸 힘이 생김)
**성인 영어의 중요한 포인트는 재미!가
있어야 합니다!**
얇은 책을 여러 권 읽는게 중요합니다.
(책을 끝까지 다 읽어야 보람을 느낌)

십대들을 위한 책을 추천한다. "스스로에게 성취감을 주는게 중요하거든요"

2. 어떻게 읽어요?

단어를 찾아보면서 읽어요? 그냥 읽어요?
**읽기나 청취에서 모르는 단어를 추측해 보는 훈련은
아주 중요합니다.**

**하지만 추측은 이미 70%이상의 내용이 이해 되었을 때
가능하므로 어휘양이 너무 부족한 경우 찾아가면서
책을 읽는게 맞습니다.**

"너무 모르는 단어가 많이 나오면 조금 더 쉬운 레벨로 내려가시는 것도 괜찮구요"
단어를 너무 많이 찾으면 포기하게 된다. 내용이해에 꼭 필요한 단어만 찾는다. 이해에 꼭 필요한 단어가 아니라면 추측하면서 넘어 가는 것도 괜찮다고 권고한다. 아는 것을 바탕으로 모르는 것을 추측하는 것은 언어학습에 꼭 필요한 과정이다.

2. 어떻게 읽어요?

눈으로만 읽지 마세요!
글을 읽는 것이 실제로 영어를 쓰는데 도움이 되게 하려면
소리내어 읽고 손으로 써서 발음을 익히고 머리에 새깁니다.

실제로 대화하는 목소리 크기로 하루에 30분~1시간 정도
책을 읽어주세요.

크게 소리내어 읽으면서 책을 읽는 연습은 정말 효과적이다.

2. 어떻게 읽어요?

책을 읽다보면 이해가 안되는 특이한 문장들이 있어요.

그런 문장들은 무시하시고 넘어가세요.^^
우리는 영어라는 언어의 아름다움, 작가의 문체들을
음미하고 즐길 여유가 없습니다... 단호박...

성인 영어공부는 재미있어야 성공합니다!
괴롭거나 너무 큰 짐이 되지 않도록 컨트롤 해주세요!

"(특히 초보자들은) 문법책에도 잘 설명되어 있지 않은 어려운 문장들은 씨름하지 말고 그냥 넘어가는 여유도 필요하다.

영어독해의 모든 것을 한방에 정리해 드려요.

3. 독해 요령 좀 알려주세요.

A university professor in Singapore gave a two-hour online lecture but didn't realize he was on mute. Professor Wang, who teaches math, was not aware that throughout his online presentation, the microphone on his computer was switched off. This meant that none of the students attending his online class heard what professor Wang was talking about. His university switched his classes online to help reduce the spread of COVID-19. His lecture started well but then it froze.

"아주 기초이신 분들은 이게 좀 어려울 수 있는데요". "왼쪽에서 오른쪽으로만 쭉 가는 연습을 해보시는 거 추천드려요"

3. 독해 요령 좀 알려주세요.

A university professor in Singapore gave a two-hour online lecture but didn't realize he was on mute. Professor Wang, who teaches math, was not aware that throughout his online presentation, the microphone on his computer was switched off. This meant that none of the students attending his online class heard what professor Wang was talking about. His university switched his classes online to help reduce the spread of COVID-19. His lecture started well but then it froze.

조급해 하지 마시고,
꾸준히 조금씩 읽으시다보면
점점 한번에 눈에 들어오는
영어 단어들이 늘어나실 거에요 ^

왼쪽에서 오른쪽으로 쭉 읽는 걸 시연해 주신다.

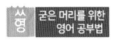

4. 책 추천해 주세요.

짧고 얇고 재미있지만
쓰레기 같지 않은 책, 알려 드릴게요!

Tuesdays with Morrie   The little prince

"두 책 완전 추천드려요" "가벼운 책들을 다독하시면서 재밌게 영어 공부 하시는거 꼭 추천드리고 싶었어요." 강남 대표강사가 오랜 경험을 바탕으로 알려주는 영어독해의 요령을 알게 되면 영어를 더 즐겁고 재미있게 공부할 수 있을 것이다. 다른 영상들 중에 조회수 83만회인 "바쁜 성인이 가장 빠르게 영어 늘릴 수 있는 현실적인 영어공부법 1꿀팁대방출"도 강추한다. 셀리 쌤의 또 다른 강점은 해박한 문법지식을 쉽게 풀어내는 문법설명이다. 문법공부를 해야 한다면 채널홈 재생목록 중에 "원리로 이해하는 셀리표 영문법"도 꼭 보길 바란다.

영어독해의 모든 것을 한방에 정리해 드려요.

댓글들

- …쌤 강의 정말 재밌어요!

- 와 쌤 진짜 꿀팁 너무너무감사해요!!! 사랑합니다 :)

- 덕분에 다시 영어 공부에 희망과 의욕을 갖게 되네요 고맙습니다!^^

- 와 완전 알찬 영상이다 ㅎ 기획하셔서 만드신 노고에 경의를 표합니다 ^^ 정말 좋은 양질의 컨텐츠예여 ^^

- 독해요령 알려주기 너무 좋네요. 상세한 설명 감사해요.

- 선생님 지도 감사합니다. 솔직하고 친근한 말투 중독성 있네요.

- 　감사합니다. 또 설득 당했어요^^ 내일 책 사러 갑니다.

- 진심어린 조언 개그감 터지는 조언 고맙습니다^^

- 감사합니다, 선생님 강의 넘 재밌어요. 영어 공부하고 싶은 의욕이 마구 넘쳐납니다!!

Learn English Through Story

위 제목으로 검색하면 유사한 채널들과 영상들이 다수 나온다. 본인의 level과 취향에 맞는 것을 보면 된다.

추천동영상1: Learn English Through Story ★
Subtitles: Coco Chanel (Level 3)
(32분 15초)

'Fashion is not just about dresses; fashion is something in the air. Fashion is in the sky, the street. Fashion is about ideas, the way we live, what is happening.'

-Coco Chanel-

Learn English Through Story ★ Subtitles: Coco Chanel (Level 3)

● Learn English Through Story는 채널명보다는 검색 키워드이다. 영어 읽기는 영어 실력을 향상시키는 가장 효과적인 방법 중 하나이다. 이야기를 읽는 것은 가장 자연스러운 방법으로 어휘력을 기르는 데도 도움이 된다. 연구에 따르면 영어로 읽는 학생들은 읽지 않는 학생들보다 영어 학습의 모든 영역에서 더 빠른 속도로 능력이 향상된다.

재미있는 이야기들을 원어민이 읽어 드려요^^

Every year, Christian Dior's 'New Look' made Coco more and more angry.

문장을 보여 주고 내래이션을 동시에 들려준다. 어려운 문장이 아니다. 초보자들에게도 좋은 책이 아주 많다.

At the start of the twentieth century, the idea of women in business seemed crazy.

원서 + 오디오북이라고 볼 수 있다. 자기 난이도에 맞는 책을 찾으면 된다. 첫 화면 한 두 개를 보면 판단할 수 있을 것이다.

CHAPTER ONE

The New Americans

Short Stories | East of Eden by John Steinbeck

East of Eden (에덴의 동쪽), The Adventures of Sherlock Holmes
(셜록 홈즈의 모험), 같은 유명한 소설들도 아주 많다.

'Life is short. My idea is that if I want to do something, I do it.'

- Madonna -

소설 뿐 아니라 현존하는 유명인사들 이야기도 시선을 끈다.

재미있는 이야기들을 원어민이 읽어 드려요^^

'Where were you when you heard that President Kennedy had been shot?'

open top car

Learning English For Beginner | The Kennedy Assassination

The Kennedy Assassination(케네디 암살사건) 같은 실화를 다룬 흥미로운 이야기들도 많다. 삽입된 삽화도 좋다.

At seven o'clock on the morning of Monday, August 21, 1911,

a museum

Learning English For Beginner | Stealing the Mona Lisa

영어가 아닌 다른 언어들은 이런 자료를 찾기가 힘들다. 모든 영상에 나오는 원어민 음성 덕분에 읽기 능력뿐만 아니라 영어 듣기 향상에도 도움이 많이 된다.

비슷한 형식의 다른 인기 컨텐츠 "Graded readers시리즈"도 추천한다. 유튜브 검색창에 "Graded reader"라고 치면 Level 0에서 Level 10까지 수준이 표시된 많은 영상이 나온다. Graded reader시리즈는 Level별로 특정 수준의 단어들만 사용해서 쓰인 책이다. 수준에 맞는 것을 골라 보면 된다.

3장. 영어 말하기

디바제시카

구독자 231만 • 동영상 3.4천개

추천동영상1: 300문장만 암기하면 영어회화 초보마스터(19분16초)

1일차 [암기편] -300문장만 암기하면 영어회화 초보마스터! | 디바제시카(Deeva Jessica)

디바제시카DeevaJessica
구독자 231만명

구독중 ∨   👍 8.2만 👎 ↗ 공유 ⬇ 오프라인 저장 ⑤ Thanks ✂ 클립 …

조회수 765만회 7년 전

● 조회수 765만회인 이 시리즈 영상은 복잡한 문법설명 없이 디바제시카 선생님과 함께 하루에 30문장씩 외우는 연습이다. 성우 같은 목소리로 실생활에서 원어민들이 아주 많이 쓰는 표현들 위주로 가르친다. 어려운 표현은 거의 없다. "따라하세요"라고 말하며 따라읽기 연습도 지루하지 않게 시켜준다.

230만 유튜버와 함께 하는 재미있는 기초영어 회화수업

아프리카TV BJ대상도 받은 적이 있는 디바제시카 쌤은 실력과 외모를 겸비한 에듀테이너이다. 디바제시카 쌤은 다양한 표정, 제스쳐와 연기로 재미있는 기초 영어회화수업을 진행하면서 시청자들도 영어를 잘 할 수 있다는 희망을 준다.

1일차 [암기편] -300문장만 암기하면 영어회화 초보마스터! | 디바제시카(Deeva Jessica)

디바제시카DeevaJessica
구독자 223만명   구독중 🔔   👍 8.2만 👎   ↱ 공유   ↓ 오프라인 저장   …

조회수 758만회 6년 전

각 표현들을 쓰는 상황에 대한 설명과 원어민들이 그 말을 할 때 쓰는 제스쳐도 알려 준다. 뿐만 아니라 한국사람들이 자주 틀리는 표현도 일러준다. 상냥한 영어회화 과외 선생님 같은 느낌이다. 30문장이 동영상 1개 분량이다. 이 시리즈(1일차 ~ 10일차)의 다른 영상들도 고품질 자료다.

댓글들…

- 기억력이 붕어인데 될까요

- 아기엄마에요. 처음으로 육아하며 의미있는 시간을 보내고자 이 영상을 봅니다.

- 유튜버들이 제시카보고 컨텐츠 준비하는 성의를 배우면좋겠네 이런 컨텐츠는 훌륭하다

- 역시 좋은세상 유투브는 신세계입니다.

- 안경 잘 어울리세요 :) 유익한 영상 고맙습니다~

- ....이렇게 머릿속에들어오는 영어는 처음이에요 재능기부천사 ㅠㅠ 멋져요…

- 선생님의 밝은 텐션도 함께 배우고 갑니다

- 암투병 중이라 매일매일 시간이 너무 남아 도는데 하루종일 운동만 할 수도 없고, 죽기 전에 이 지긋지긋한 영어회화 만큼은 좀 정복하고 싶어서 왔습니다…… 감사합니다 티철 ~^^

Sophie Ban

구독자 29.8 만명 • 동영상 1.3천개

추천동영상1: 쓸만한 영어_식당에서 쓸 수 있는 영어/ 영어공부/영어회화 (21분41초)

● Sophie Ban 선생님은 미국에서 통역사로 활동하면서 17년간의 티칭 노하우를 바탕으로 교민들에게 영어를 가르치고 있다. 미국에서 두 자녀를 낳고 키우며 미국 시스템을 더 깊이 접하게 되면서 문화에 대한 지식이 언어 학습에 중요하다는 것을 깨닫고, 한인들에게 올바른 영어 공부법을 알려 주고 싶은 바람으로 이 유튜브 채널을 운영하고 있다.

쓸만한 영어_식당에서 쓸 수 있는 영어/영어공부/영어회화

Sophie Ban
구독자 29.8만명   가입   🔔 구독중 ∨   👍 1.4만 👎   ↗ 공유   ⬇ 오프라인 저장   ⓣ Thanks   ✂ 클립   ⋯

조회수 89만회 6년 전

조회수 89만회인 "쓸만한 영어_식당에서 쓸 수 있는 영어…"에는 Sophie Ban 쌤이 직접 경험한 미국문화에 대한 지식과 오랜 동안 현지 교민들에게 영어를 가르친 경험이 오롯이 녹아 들어 있다. 이 채널에서는 진짜 미국식 실전 영어를 배울 수 있다.

진짜 미국식 실전영어를 원하세요?   **3장 영어말하기 77**

영상 앞 부분에서 영상에서 배울 중요 내용을 미리 알려 준다.

식당에 들어가서 제일 처음 들을 수 있는 표현부터 시작한다.

직원 부를 때 쓰는 말과 주의사항을 설명한다.

Can I ~?와 May I ~?의 미묘한 차이에 대해서도 가르쳐준다.

가르친 표현을 시청자가 따라서 연습해 보도록 유도한다. 저절로 따라 읽고 싶어진다. 회화수업 경험이 많다는 것을 알 수 있다.

표현 뿐만 아니라 자연스러운 발음지도도 받을 수 있다.

한국사람들이 흔히 할 수 있는 실수도 예방할 수 있다.

필수 영단어의 깊은 뜻도 알려준다.

한 걸음 한 걸음 초보자도 이해하기 쉽게 설명한다.

★★ crab(꽃게)을 말할 때 주의해야 할 점 ★★

미국 생활을 오래한 분만 알려 줄 수 있는 주의사항도 들을 수 있다.

10. 싸갈 음식을 주문할 경우

팁에 관해 정해진 규정은 없지만 세금을 포함한 총 금액이나 세금을 뺀 총 금액에서
10%를 미니멈으로 하고 15%, 20% 비율로 환산해서 주게 되요.

유용한 미국 생활정보도 제공되고,

gratutity : 봉사료 (결국 tip과 같은 의미예요)

다른 회화책이나 회화강의에서 배우기 힘든 중요한 것들을 많이 배울
수 있다.

You gave us really good service. Thank you.
서비스 정말 잘 해주셨어요. 감사합니다.
(결국 "덕분에 식사 정말 잘하고 가요"정도가 되겠지요?)

꼭 해야 할 말들, 진짜 필요한 표현들을 가르쳐준다.
Sophie Ban 쌤의 다른 영상들 중에 조회수 94만회인 "스타벅스 커피 DriveThru_단체 커피주문_커피원두를 살 때 쓸 수 있는 영어"와 55만회인 "입국심사 때 쓸 만한 영어 (심사 태도에 대한 팁)"도 추천한다.

댓글들…
- 감사인사를 안드릴수가 없네요~너무 유익한 강의예요!!…
- 와… 영어 공부를 이렇게 더 배우고 싶게 만든 컨텐츠는 드문데…
- 여태껏 많은 영어관련영상을 봤지만 역대급이네요!! 캐나다생활 4개월차에 영어가 계속 제자리라 넘 힘들었는데 정말 자신감붙게해주셔서 고맙습니다 ㅎㅎ
- 최고 최고 !!! 책에선 해결할 수 없는 생생한 표현들이 가득하네요. 미세한 차이를 너무나 잘 설명해 주시네요.
- 영상 너무좋아요! 여태보던 일상영어유투브랑 다르게 딱 현지에서 쓸수있는 영어가 실용적이여서 너무좋아요
- 지루하지않고 너무 재밌어요 ㅠㅠ…
- 이 좋은 방송을 어제 처음 알았네요~~ 앞으로 하루 한편씩 꾸준히 배워보는 게 목표입니다…
- 이제껏 찾아본 실용영어회화중에 가장 유익한 영상입니다. 만나뵌적은 없지만 정말 좋은 영어선생님이십니다. 감사합니다~

달변가영쌤

구독자 41.9만명 • 동영상 140개

추천동영상1: 캐나다에서 먹고 살게 해준 30가지 원어민이 많이 쓰는 영어 표현(21분 26초)

캐나다에서 먹고 살게 해준 30가지 원어민이 많이 쓰는 영어 표현.

● 달변가 영쌤은 캐나다에서 직장생활을 한 배경이 있다. 의류브랜드 ZARA에서 operation manager로 일했고 멕시칸 레스토랑 체인인 Chipotle에서 일하면서 하루에 7백~8백명의 고객을 응대했다. 캐나다에서 경험한 실전영어가 이 채널의 근간이다. 조회수 232만회인 "캐나다에서 먹고 살게 해준 30가지 원어민이 많이 쓰는 영어 표현"에서 영쌤은 원어민들이 밥 먹듯 쓰는 영어표현 30개를 가르쳐준다. 수업을 들은 학생들의 요청에 의해서 만들어진 영상이다. 댓글란에는 북미 교민들과 일 때문에 영어를 쓰는 시청자들의 칭찬 댓글도 넘쳐난다.

원어민들이 진짜 많이 쓰는 표현만 가르쳐 드립니다.

길거나 어렵지 않지만 정말 자주 쓰이는 한 단어 표현부터 가르쳐준다.

표현들의 쓰임새를 영쌤이 실제 겪었던 생동감 넘치는 경험과 함께 열정적으로 설명한다. 엑기스 표현들만 모아 놓았다. 내용도 좋지만 영쌤의 뛰어난 전달력도 돋보인다.

원어민들이 진짜 많이 쓰는 표현만 가르쳐 드립니다.

캐나다에서 먹고 살게 해준 30가지 원어민이 많이 쓰는 영어 표현.

조회수 707,035회 · 2020. 7. 4

👍 2.6만   👎 456   ↗ 공유   ⊟+ 저장   ···

 달변가영쌤 ✓
구독자 16.5만 명

구독중 🔔

캐나다에 살면서 영어가 너무 어려워서 힘들었던 속내도 털어 놓는다.
마지막에는 시청자들에게 격려의 말도 덧붙인다. 조회수 127만회인
'원어민이 매일 쓰는 구동사 30개' 영상도 진짜 많은 도움이 된다.

댓글들…

- 현재 4년째 캐나다 사는 사람인데 진짜 여기사람들이 많이 쓰는 말만 골라서
잘 정리 해주셨네요

- 10살 아들이랑 영쌤강의 주구장창들어요 …애가 영쌤 자꾸 틀어달래서 또 틀
으러왔어요

- I totally agree Wow!! Very practical Expression~~

- 몰입도 최고강의예요..이렇게 훌륭한유튜버분을 이제야 알았다니!!……

- 간단히 깔끔히 설명해주셔서 구독하고 갑니다

- 감사합니다 최고예요 복받으세요

- 뭔가 시~원 하다 .

- 30번 감동이네!

에스텔잉글리쉬

구독자 46.6만명 • 동영상 412개

추천 동영상1: 원어민들이 매일 쓰는 동사 7개 get have take do make go be (6분59초)

● 조회수 108만회인 이 동영상에서 에스텔 쌤은 원어민들이 스피킹할 때 매일 쓰는 동사 7개의 쓰임과 뉘앙스를 알기 쉽게 가르쳐준다. 모두 쉽게 입을 트는데 필수적인 동사들이다. 에스텔 쌤은 23살에 영어 스피킹 공부를 시작한 어학 인플루언서이다. 많은 시행착오 끝에 영어를 자유롭게 구사하게 된 자신의 경험을 유튜브에서 공유한다. 영어회화 분야 베스트셀러인 "쉬운 단어로 1분 영어 말하기"의 저자이기도 하며 온라인 강의 홈페이지인 www.estellenglish.com에서도 자신의 모든 노하우를 나누며 영어학습자들을 강의로도 돕고 있다.

1. get

Get은 없다가 생기는 것에 다 쓸 수 있다. 아주 많은 한국어 동사들을 get으로 표현할 수 있다. 그래서 get으로 여러 가지 말을 할 수 있는 것이 중요하다.

2. have

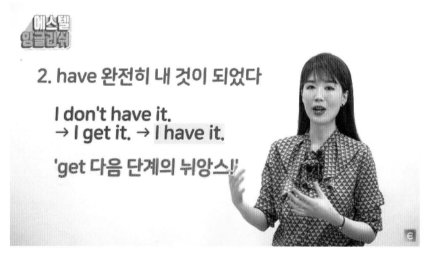

Have는 완전히 내 것이 되었다는 느낌이 강하다.

3. take

Take는 손을 뻗어서 갖고 오는 것, 노력을 통해서 가지고 오는 것에 대해 쓸 수 있는 뉘앙스이다.

4. do

Do는 자주 자주 하는 것에 쓸 수 있다.

5. make

5. make 어쩌다 한번 만들어내는 사건
실수하다 make a mistake
돈을 많이 벌다 make a lot of money
(돈이 많이 있다 have a lot of money)
친구를 사귀다 make a friend
(친구가 많다 have a lot of friends)

Make는 do 와 달리 자주 일어나는 일이 아니라 어쩌다 한 번 내가 만들어 내는 사건을 말할 때 쓸 수 있다.

6. go

6. go 어디론가 이동하다
학교가다 go to school
약국가다 go to the drugstore
저녁먹으러 간다 go for dinner

Go는 사람이 계속 이동하기 때문에 정말 자주 쓰는 동사이다. 어떤 장소에 갈 때는 전치사 to를 쓰고, 목적을 위해 간다고 할 때는 전치사 for를 쓴다.

7. be

7. be 가만히 있는 주어의 상태

결혼식하다 get married (미혼에서 기혼이 되다)
→ 기혼이다 be married

추워졌다 get cold → 춥다 be cold

배고파졌다 get hungry
→ 배고프다 be hungry

위에 나온 동사 6개는 행동에 대한 동사지만 주어가 가만히 있는 상태를 나타내는 be동사도 정말 많이 쓰인다.

조회수 73만 회인 "그렇게 공부하니까 영어가 안늘지! 영어책 읽기, 미드보기로 될까? 공부방법 확 바꾸고 한달 만에 원어민 수업 100% 다 들린 썰"도 추천한다. 이 채널에는 스피킹 실력 향상을 위한 영상 들뿐만 아니라 영어리스닝(영어가 길어지면 뒷부분 통째로 못 듣고 날리는 분들 주목!! 조회수 69만), 영어공부방법, 발음교정(A부터 Z까지 한 방에 발음 교정 할 수는 없을까? 10분 안에 다 알려드릴게요! 조회수20만), 단어학습(절대 영단어책 외우지 마세요! 이렇게 해야 말하기듣기가 됩니다! (무료 영단어 리스트 제공) 조회수 62만), 여행 영어 등에 관한 유익한 영상들이 즐비하다.

댓글들

- …..지금까지 이런 영어 교수법은 세상에 없었다. 에스텔선생님 최고~…..

- 정말 지금껏 찾아 헤매던 그런 영어 유튜브. 영어란 한국어랑 어떻게 다르며 그 뉘앙스를 알려주는 수업 ㅠㅠㅠㅠㅠㅠ 쌤 정말 감사합니다ㅜㅜㅜㅜ 앞으로 모든 수업 정주행 할게요!ㅜㅜ

- 동사를 간단하게 압축해서 쉽게 설명해주셔서 감사합니다. 앞으로 계속 좋은 영상 기대합니다.

- 비교하면서 설명해 주니까 너무 이해가 쉽고, 그동안 궁금했던 것들을 속시원 히 풀어주시네요……

- 헤깔리는 부분인데 설명을 이해잘되게 해주셔서 감사합니다. 알차고 멋진 영 어 수업이었습니다~~ ^^

- 답답했던 것들을 항상 한방에 해결해주시세요 좋은 강의 감사합니다

- 사족 없이 정말 깔끔한 강의. 감사합니다

- 항상 쉽게 가르쳐주시네요 정말 많은 도움이 되네요 감사합니다

진짜김진짜 Real KIM

구독자 13.2만명 • 동영상 116개

추천동영상1: 무조건 되는 영어회화 공부법(독학, 공짜) "8분 02초"

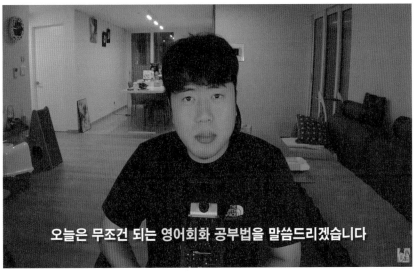

오늘은 무조건 되는 영어회화 공부법을 말씀드리겠습니다

무조건 되는 영어회화 공부법(독학, 공짜)

진짜김진짜 Real KIM   🔔 구독중 ∨
구독자 13.2만명

👍 4.4만   👎   ↱ 공유   ⤓ 오프라인 저장   ✂ 클립   ⧉ 저장   …

조회수 134만회 2년 전

● 조회수 134만회인 이 영상에서 김진짜 쌤은 수많은 시행착오 끝에 알게 된, 독학으로 공짜로 5개월만에 원어민과 프리토킹 할 수 있었던 영어회화 공부법을 시청자들과 공유한다.

본인의 경험담을 들려준다.

먼저 방법론을 간략하게 제시한다.

하고 싶은 [한국말]을 [영어]로 계속 번역해 보는 겁니다

번역기 어플, 네이버 사전, 구글, 유튜브

준비물은 많지 않다. 모두 무료이다.

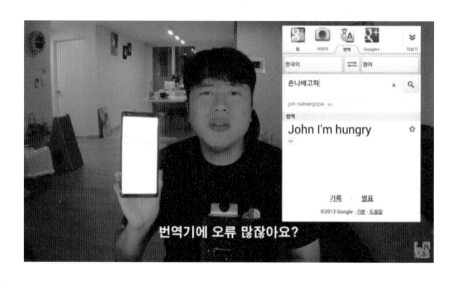

번역기와 네이버 사전 활용법을 가르쳐준다.

유튜브와 구글도 아주 유용하다.

반복연습의 결과이다.

해봐서 말씀드리는 겁니다

통역연습을 자동적으로 말이 튀어나올 때 까지 반복하는 것은 오랜 세월에 걸쳐 여러 나라와 다양한 외국어 영역에서 검증된 언어학습법이다.

본인이 좋아하시는 분야의 영상들을 봐야 된다는 거예요

듣기와 발음, 문법에 대한 팁도 준다.

그러면 언어 교환 어플들이 아주 많이 있거든요

요즘 언어교환 어플들을 좋은 게 진짜 많다.

자 원어민 친구들이랑 교류하는 게 왜 그렇게 중요하냐

어플 등을 통한 원어민과의 교류가 중요한 이유를 제시한다.

정말 핵심적이고 도움되는 질문이다.

언어능력을 기르는 것은 공부라기 보다는 훈련이고 연습이다.

좋은 무료자료가 진짜 많다. 유튜브가 대표적이다.

자 여러분들도 하실 수 있습니다

시청자들에게 자신감을 심어 준다.

댓글들
- 좋은 팁 너무 감사해요! 많이 와닿는 영상이네요 이대로 실천 해볼게요 화이팅!
- 진짜 댓글 첨 쓰는데 이런 영상 너무 많아서 보지만 이렇게 재미있게 잘 만드는 사람도 없을거 같아요 너무 감사합니다.
- 맞습니다. 너무 너어무 공감가는 내용이에요. 저도 학생들에게 많이 추천해요!! 근데 번역기는 생각못했는데 넘 좋은 것 같아요!! 연습이 최고입니당!!
- 영어는 문법이나 책으로만 배워서 사실 회화에 대해 제대로 공부해본 적이 한번도 없었는데 이 방법을 통해 공부하면 영어 회화가 정말 단기간에 급속도로 늘 것 같다는 생각이 듭니다. 진짜님 항상 감사합니다.
- 당장 시작하겠습니다! 이 방법대로 계획 세워서 조금씩 꾸준히 하겠습니다!!.....
- ...한 대 맞은 느낌이네요 완전 귀에 쏙쏙 들어와요 영어회화 컨텐츠 계속 해주세요ㅠㅠ!!!
- 영어쌤경력 10년 영어공부경력 30년 입니다. 영상내용 완전공감 해요 !
- 오아..진짜 좋은 공부법 같네요! 오늘부터 해볼랍니당

4장. 영어쓰기

온갖영어문제연구소

구독자 2.28만 · 동영상 119개

추천동영상1: 영어로 글 잘쓰는 법(17분54초)

● 영어 글쓰기는 영어실력을 고스란히 보여준다. 문법실력과 어휘력을 확인할 수 있다. 뿐만 아니라 글쓴이의 지식수준과 사고력, 논리력도 알아볼 수 있다. 유튜브에 영어 글쓰기에 대한 컨텐츠는 상대적으로 많지 않다. 우리나라 사람 중에는 영어 글쓰기에 대한 막연한 두려움을 가진 분들이 많고 일반학습자에게 영어 글쓰기 연습만 전문적으로 시켜주는 교육기관도 별로 없다. 박시수 기자님은 그동안 영문기자로 일해오면서 알게 된 '영어로 글을 잘 쓰는 법'에 대한 의견과 방법들을 공유한다.

#글쓰기로
영어로 글 잘 쓰는법(1편) [온갖영어문제연구소]

조회수 4,993회 · 2018. 10. 23   👍 142   👎 싫어요   ↗ 공유   ⬇ 오프라인 저장   ✂ 클립   ☰+ 저장   …

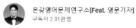 온갖영어문제연구소[Feat. 영문기자▶]   구독중 🔔
구독자 2.31만명

어떻게 하면 국내에서 영어 writing을 향상시킬 수 있는지 자세히 조언한다.

영문기자가 알려주는 영어로 글 잘쓰기 위한 구체적인 방법들   **4장 영어쓰기 109**

박기자님은 글쓰기는 국내파가 해외파를 압도할 수 있는 영역이라고 말한다. 열심히 연습하면 상당한 경지에 오를 수 있다.

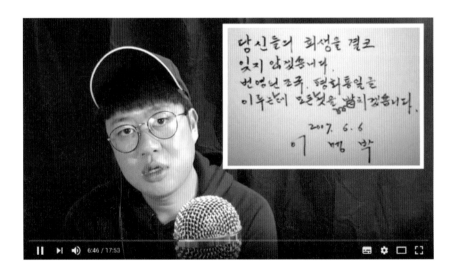

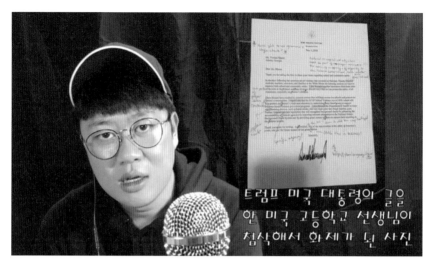

원어민이라고 해서 다 모국어 쓰기가 완벽하지는 않다는 것을 보여준다.

박기자님은 영어 글쓰기 관련 강의 경력도 풍부하다.

박기자님은 좋은 글이란 끝까지 독자가 읽고 싶게 만드는 글이라고 단언한다.

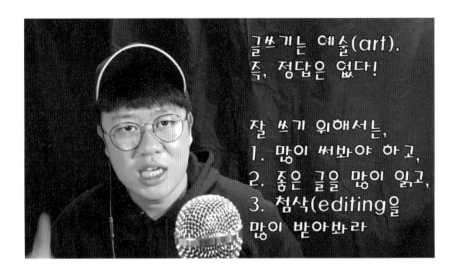

```
1. 핵심은 한문장이다.
2. 첫 세문장에서 승부가 난다.
3. 모든 문장에는 의도와 메시지가 있어야한다.
4. 첫 문장을 날짜, 요일로 시작하지 말자.
5. 문장을 짧게 쓰자.
6. 최대한 능동태 문장을 사용하자.
7. 주어(S)는 짧고, 동사(V)와는 가깝게, 수식어구는 뒤로 돌리자.
8. No flowery: 불필요한 형용사, 부사는 OUT.
9. Show, not tell.
10. Speak with facts.
11. 동사는 simple, clear, easy to understand한 것을 쓰자.
11. Think wordlessly, hunt about until you find the exact words that
seem to fit it.
13. 영어로 생각하자 (특정 단어, 문장이 아니라, 'idea'를 떠올리고 그걸
표현하자)
14. (지식) 알아야 잘쓴다
15. 배경정보 matters (맛있는 김치이론)
16. Style matters (콤마, 하이폰 등 사용법)
```

글쓰기에 대한 견해와 더 나은 영어로 잘 쓰기 위한 구체적인 방법론도
깨알같이 제시한다.

댓글들…

- 구독 눌렀어요ㅋ 오늘 뵙고 ㅋ

- 박 기자님, 팬심 충만합니다^^ 열심히 배우겠습니다

- …그동안 제 혼자 토익 라이팅 시험을 준비하면서 갖은 온갖 궁금점을 확실히
정리해 주시네요…

- 미국 살다오셨나요? … ㅠ 기자님이 토종이라면 정말 대단해요

- 좋습니다요

- 영작에 관한 컨텐츠가 전무한 상황에서 이렇게 훌륭한 내용의 강의를 듣게되
어 감사하게 생각합니다.

- 잼난 설명 좋으네요~

- ㅎㅎ잼나게 잘 들었어요!! 약은 약사에게, 영어는 영문기자에게!!!

dororok 영어 TV

구독자 1.23만명 • 동영상 148개

영어 필사를 배워 봅시다 _ 느리게 실력이 느는 영어 공부법 _ 국내파 동시통역사가 직접 필사 시연을 보여 드립니다

dororok 영어 TV
구독자 1.23만명   🔔 구독중 ⌄   👍 6천   👎   ↱ 공유   ↓ 오프라인 저장   ✂ 클립   ⊟+ 저장   ⋯

조회수 25만회 2년 전 #영어공부법 #영어필사

● dororok 영어 TV는 입학과 졸업이 하늘에 별따기 만큼 어렵다는 통번역대학원을 수석으로 입학하고 졸업한 국제회의 통역사가 영작, 번역, 통역 등을 포함하는 영어 공부 팁을 알려 주고 통번역사의 세계를 공유하는 채널이다. 영어회화 실력도 늘려 줘서 원어민과 시사 토론이 가능하게 만들어 주는 유튜브 채널이다.

추천동영상1: 영어 필사를 배워 봅시다 _ 느리게 실력
이 느는 영어 공부법 _ 국내파 동시통역사가 직접 필사
시연을 보여 드립니다. (11분 34초)

조회수 25만회인 이 영상에서 이성득 동시통역사님은 순수 국내파로서
국제회의 동시통역사가 될 수 있었던 방법 중의 한가지를 시청자들에게
가르쳐 준다.

이 동영상에는 학습자들의 관심을 끌기 위한 사탕발림식 영어 공부의 비법 같은 것은 안 나온다. 대신 지겹고, 힘들고, 느리지만 확실히 발전하는 공부법이 소개된다.

바로 필사이다.

필사를 하면 영어 실력이 확실히 좋아진다. 필사를 한 날과 안 한 날의
차이를 비교하면서 한번 시도해 보면 확연하게 알 수 있다.

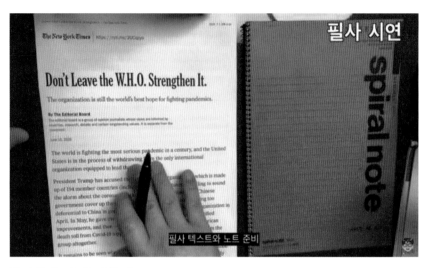

준비물은 이게 전부다.

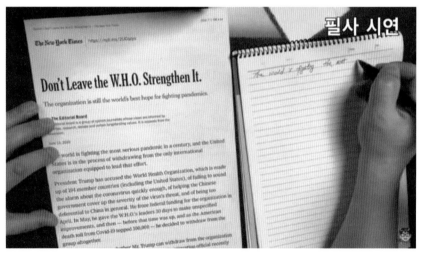

필사하는 모습을 직접 시연으로 보여 주신다.

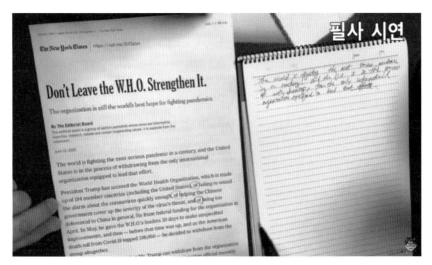

너무 긴 문장은 한 번에 못한다. 의미단위로 끊어서 해도 좋다.

직접필사 중 실수도 공개한다.

초보자 분들이라면

중학교 독해 책추 천합니다.
만만치 않거든요

조금 수준이 올라 가시면, 가령 직장인이거나
최소한 통대를 준비하신다고 하면

국내 영자지를 추천합니다

수준별로 자료를 추천해 준다.

학습자들의 중요한 질문에 대한 시원한 답변도 들을 수 있다.

필사하기에 좋지 않은 자료도 있다.

제시되는 몇 가지 필사 방법 중 본인에 맞게 골라서 하면 된다.

영어 쓰기를 잘 하고 싶은 다양한 학습자들이 꼭 봐야 할 영상이다. 시청자들의 영어공부를 도와주시려는 동시통역사님의 진심이 느껴진다. 아래 블로그에는 더 많은 자료가 있다.

블로그: https://blog.naver.com/all4him

댓글들

- 유튜브에서 또 이런 고퀄리티의 강의를 들을수 있게 됐네요. 감사합니다 선생님!

- 시연해 주신 덕분에 필사하는 방법 이해가 더 쉬웠습니다! 감사합니다 :)

- 필사의 힘을 너무나 잘 알고 있는 논술강사 인데요. 영어를 필사한다는 생각은 지금껏 못했네요. - 요즘 영어공부 하는데 필사 해야겠어요~ 고맙습니다~♡ 열심히 연습하겠습니다!

- 중요한 핵심을 전달해 주셔서 감사합니다♥

- 도움되는 실질적인 영어 공부법 알려주셔서 감사드립니다.

- 신뢰감 오졌다 감사합니다

- 좋은 영상 감사합니다~~~ 필사 당장 해보고싶네요 ♡

헤이민지
구독자 8만명 • 동영상 85개

추천동영상1: 영작(영어 작문) 구글 검색 팁(8분6초)

● 조회수 8.7만회인 "영작(영어 작문) 구글 검색 팁"에서 민지 쌤은 영작할 때 구글검색을 활용하는 방법을 알려준다. 구글은 참 여러모로 유용한 도구이다.

개요

영작(영어 작문) 구글 검색 팁 | 영어 공부, 영작 할 때 구글 검색 활용 방법

헤이민지 heyMinji   구독중 ✓   👍 3.7천   👎   공유   오프라인 저장   Thanks   클립   ...
구독자 8만명

조회수 8.7만회 5년 전

영작한 문장을 원어민들도 쓰는 지 알아보기 위해 문장을 검색할 때는 문장 앞뒤에 쌍따옴표-" "-를 꼭 붙여줘야 한다.

헤이민지

검색결과 수와 아래 페이지수를 보면 얼마나 자주 쓰이는 표현인지 짐작할 수 있다.

No results found for " "가 나오면 쌍따옴표 안 표현은 쓰이지 않는다는 말이다.

protagonist |

protagonist definition
protagonist meaning
protagonist clothing
protagonist personality
protagonist synonym
protagonist meaning in hindi
protagonist literary definition
protagonist therapeutics
protagonist meaning in urdu
protagonist antagonist

Google Search   I'm Feeling Lucky

개요 - 구글 문장 검색 방법 1 - 구글 문장 검색 방법 2 - 구글 어휘 사전 검색 방법

구글에서 영영사전 검색하는 팁도 가르쳐 주고 유용한 자동추천기능에 대해서도 알려 준다. 영상에서 민지 쌤이 해주는 조언들을 따라하다 보면 영어쓰기에 많은 도움을 얻을 수 있다.

댓글들...

- 구독!!!!! ㅎㅎㅎ

- 저도 자주 사용하는 방법인데 별표는 몰랐어요ㅋㅋㅋㅋ워후 꿀팁입니댜

- 오~~ 학창시절 옆에서 똑똑한 친구가 뭔가 가르쳐 주는 느낌…

- 알찬내용, 깔끔한 편집, 귀에쏙쏙들어오는 목소리! 최고에요 ~

- …단순히 네이버 사전검색보다 훨씬 유용하네요!!!

- 꿀팁 ㅜㅜ 감사해여 구글 항상 검색은하는데, 이렇게 효율적인 방법이 있었군여...

- 와 이 영상으로 하나만으로도 구독누르고 갑니다!

- 진짜 유용한 방법이네요! 알려주셔서 감사해요. 영작문 공부 때문에 진짜 고민이 많았거든요. ^^

English with Lucy

구독자 938만명 • 동영상 356개

7 Ways to Improve English Writing Skills | IELTS | EXAM | ESSAY | ACADEMIC

English with Lucy ✓　🔔 구독중 ∨　　　　👍 6.8만　👎　↗ 공유　⬇ 오프라인 저장　💲 Thanks　✂ 클립　⋯
구독자 964만명

조회수 185만회 5년 전 Vocabulary

● English with Lucy는 영국인 Lucy Bella Simkins 선생님이 운영하는 대표적인 유튜브 영어학습 채널 중에 하나다. 회화, 문법, 발음 등에 관한 유익한 컨텐츠가 매우 많다.

추천동영상1: 7 Ways to Improve English Writing Skills | IELTS | EXAM | ESSAY |ACADEMIC (12분 33초)

조회수 185만회인 이 영상에서 루시 쌤은 또랑또랑한 목소리로 영어로 글을 잘 쓰기 위한 7가지 꿀팁을 방출한다.

1. 정확하고 단순하게 쓴 것이 복잡하게 부정확하게 쓴 것 보다 좋다. 독자들에게 묻고 싶다. "긴 글이 좋아요, 짧은 글이 좋아요?"

2. 핵심표현들(연결어들)을 숙지하라.

의견을 제시할 때 쓰는 핵심표현이다.

정보를 추가할 때 쓰는 핵심표현이다. 이 표현들 이외에도;

비교할 때, 대조할 때, 예들 들 때, 일반화 할 때, 확신을 나타낼 때, 부분적 동의를 표시할 때, 이유를 제시할 때, 효과를 나타낼 때, 시간적 순서를 드러낼 때, 조건을 달 때, 결론을 낼 때 쓸 수 있는 핵심표현들(연결어들)을 일일이 나열해 준다. 좋은 영작문을 위해 필수적인 이런 표현들은 작문책에도 더 많이 예문과 함께 소개되어 있다. 외워 두면 글쓰기 수준이 달라진다.

3. 축약형을 쓰지 마라

4. 단어수를 줄여라.

줄이는 두 가지 방법이 있다. 첫번째 방법은 very, so 같은 0칼로리, dead weight words를 쓰지 않는 것이다. 예를 들면, 'so scared'라고 두 단어로 쓰는 대신 'terrified' 한 단어로 쓰라.

단어수를 줄이는 두 번째 방법은 There is, There are를 쓰지 않는 것이다. 자막에 보이는 8단어 1번 문장보다 5단어 2번 문장처럼 쓰라고 조언한다. 가능한 적은 단어로 쓰면 글힘이 더 세진다. 쓰기의 질이 좋아진다. 어쩔 수 없이 영어 단어 수를 늘려야 하는 경우라면 반대로 하면 된다.

5. 좋은 자료 읽기

자신이 쓸 자료와 비슷한 글을 많이 읽어야 한다. IELTS 시험을 준비 중이라면 IELTS 교재가 1순위다. 또는 해당 과목 강사나 인기 IELTS 동영상이 추천하는 자료가 좋다. 좋은 인풋이 좋은 아웃풋으로 나온다. 비즈니스 이메일, essay, 또는 기사를 써야 한다면 그런 글들이 좋은 자료다. 온라인에 소스가 많다!

6. 자기가 쓴 것을 확인하라. 스펠링, 문법 등에 오류가 있는지 확인하는 것은 기본이다.

쓴 것을 확인해야 하는 하나의 이유는 우리 모두가 쓸 때 실수를 하기 때문이다. 원어민들도 말할 때는 안 하는 실수를 쓸 때는 한다. 루시 쌤은 proofreader로서 오래 일한 자신의 SNS 글에도 오류가 많다고 고백한다. 이유는? 자기가 확인하지 않았기 때문이란다.

자기 글을 확인해야 하는 두번째 이유는 여러 번 확인할수록 글의 완성도가 높아지기 때문이다. 글을 짧게 쓰고 여러 번 확인하면 완성도는 급상승한다.

7. 자신이 쓴 글을 타인에게 확인받으라. 이 과정을 생략하는 것은 김치찌개 끓일 때 김치를 넣지 않는 것과 같다고 말한다면 부적절한 비유일까? 그 만큼 중요하다는 뜻이다.

누구에게 검토 받는지가 중요하다. 당신의 글에 관심이 있는 사람이어야 한다. 검토해 줄선생님을 찾는 건 쉽지 않다. 하지만 역시 인터넷 때문에 몇 가지 방법이 생겼다. 예를 들면 인터넷 유료 작문교정사이트, 온라인회화 쌤들, 언어교환 친구들 등이다. 좋은 검토자를 만난다면 당신의 쓰기 실력은 날개를 달 수 있다.

인터넷에서 검토해 줄 쌤을 찾을 때, 젊은 시청자들(특히 여성들)은 위험한 사람을 조심하라는 사려 깊은 조언도 덧붙인다. 11분 47초부터는 광고가 나오니까 안 봐도 된다.
조회수 2837만회인 "ONE language, THREE accents – UK vs. USA vs. AUS English! (+ Free PDF)" 영상도 매우 유익해서 강추한다.

댓글들

- If she were my English teacher in middle school, I'd be in Harvard by now.

- I am getting A's in my classes, thank you so much, Lucy. This was a brilliant, and informative video.

- That was really helpful. I'm about to take a IELTS exam. Those tips are necessary for me. Thank you!

- You're such an amazing teacher in making everything to learn too easy ... It's really appreciating

- Thank you so much for all these tips, very helpful indeed⋯.

- A very useful piece of advice! Thank you! I will make a list of key phrases and will learn them by heart. It's so easy. Why haven't I never thought about that?!

- Hello Lucy, First of all your teaching method is awesome⋯⋯

- Amasing lesson, faboulous techniques . Learnt a lot thank you lucy

- Lucy, This lesson provides especially helpful tips⋯⋯

5장. 영문법

바른영어훈련소
구독자 8.24만 • 동영상 270개

추천동영상1: [타미 김정호 영문법] 3시간만에 끝내는 문법 총정리 풀버전

[타미 김정호 영문법] 3시간만에 끝내는 영어 문법 총정리 풀버전

바른영어훈련소   가입   🔔 구독중 ∨   👍 10만   👎   ↗ 공유   ⬇ 오프라인 저장   ⑤ Thanks   ✂ 클립   …
구독자 8.24만명

조회수 542만회 6년 전 [타미 김정호] 3시간만에 끝내는 문법 총정리

● 조회수 542만회인 "3시간만에 끝내는 문법 총정리 풀버전"에서 한국학생들의 대표적인 문법공부 장애물인 문법용어−8품사와 문장 5형식, 단어, 구, 절, 문장, 문단 등−와 능수동태, to부정사, 동명사, 시제, 분사구문, 가정법, 도치 등의 문법개념을 총정리 해준다. 김정호 선생님이 학생들을 앞에 두고 수업하는 장면을 영상녹화한 자료라서 실제 수업을 받는 것 같다. 쌤이 학생들에게 하는 이해확인 질문과 대답하는 학생들의 음성도 들을 수 있다.

영문법 강의 마에스트로가 3시간에 문법을 총정리합니다.

타미 쌤은 학생들이 지루하지 않게 신선한 개그감각으로 재미를 준다. 해박한 영문법지식과 풍부한 강의경험을 바탕으로 문법용어와 문법 기본개념을 초보자도 이해하기 쉽게 설명한다. 여러 번에 걸친 강의내용을 하나로 합쳐 놓았기 때문에 여러 번 나누어 보아도 괜찮다.

댓글들…

- 정말감사합니다 12살인 저에게도 이해가 가네요 형폰이에요 제폰 배터 없어서

- …진짜 중요한 알맹이만 딱딱 알려주시는것 같아 10분듣고 놀랐네요…

- …먼 옛날(약30년전) 고등학교때 이런 선생님을 만났으면 제 영어실력도 많이 달라졌을텐데…

- 17년 살면서 이렇게까지 이해잘되는 선생님을 처음보네….

- 기가막히네

- 완강했네요 이걸 중고등학교때봤으면더좋았을텐데 ㅠㅠ

- 가르침의 마에스트로… 손짓과 말과 억양이 마에스트로.. 이해당하는 느낌인데?

- 수업 퀄리티는 강사의 실력과 준비에서 나온다.. 진짜 학생들을 위하는 참선생님

중학영어TV

구독자 3.5만명 • 동영상 664개

추천동영상1: 1강 / Concept 001 / 영어는 주어와 동사로 시작한다. (24분 21초)

1강 / Concept 001 / 영어는 주어와 동사로 시작한다.

중학영어TV
구독중 3.5만명   구독중 ∨   👍 2천 👎   ↱ 공유   ⬇ 오프라인 저장   ✂ 클립   ☰+ 저장   …

조회수 14만회 3년 전 ◆ 중학영문법 마스터 ◆

● 조회수 14만회인 이 영상에서 신작 [한 권으로 끝내는 필수 구문 1000제]의 저자이기도 한 이정우 선생님은 주어 동사로 시작하는 영어의 어순에 대해 알기 쉽게 가르쳐준다. 이 영상은 중학영문법 마스터 강의시리즈 중 첫번째 컨텐츠다. 중학영문법 마스터는 영문법 기본개념들이 꼼꼼하게 잘 설명되어 있어서 학생들 뿐만 아니라 영문법 공부를 시작하는 성인들에게도 매우 추천할 만하다. 조회수 15만회인 10분짜리 오리엔테이션 영상 "[중학영문법 마스터] 오리엔테이션"을 보면 이 시리즈를 가장 효과적으로 들을 수 있다.

중학영문법의 모든 기본개념에 대한 알기 쉬운 강의 시리즈

"영어가 어려운 결정적인 이유는 바로 이것 때문입니다"

"이렇게 커다란 순서의 차이로 인해서 여러분들이 영어공부하는데 어려움을 겪는 거에요. 영어는 주어와 동사로 시작해서 이 동사에 따라서 나머지 말들이 정리된다는 것을 가능한 빨리 받아들이시고 적응하셔야 합니다. 그래야 앞으로의 영어공부가 쉬워져요."

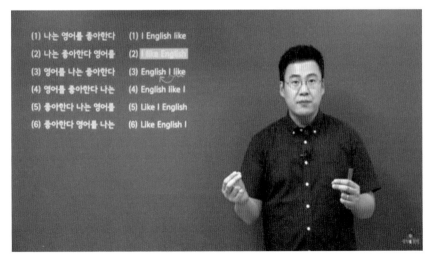

"순서를 바꿔도 우리말은 이해가 가능한데 영어는 순서를 바꿨더니 이해가 불가능한 문장들이 많이 만들어 졌다구요" 뒤이어 그 이유도 설명해 주신다.

"보어, 목적어 이런 것도 처음 들어 보죠?" 왕초보자 입장에서 가르친다. "지금 당장은 저런 것들이 있어 정도만 아셔도 되구요"

"오늘의 포인트- 우리 말은 주어로 시작해서 동사로 마무리되는 반면 영어는 주어 동사로 시작한다"

"앞으로 주어는 S 표시하게 될거구요 동사는 V로 표시하게 될겁니다"

사용되는 예문도 아주 쉽다.

"문제는 반드시 먼저 풀고 오셔야 합니다. 그래야 실력이 늘어요" 매 수업마다 문제 풀이로 이해를 확인하고 점검하는 시간이 있다.

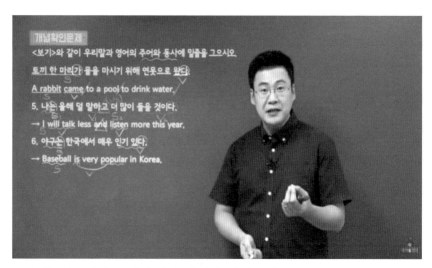

모든 문제를 하나도 빠짐없이 자세히 풀어준다.

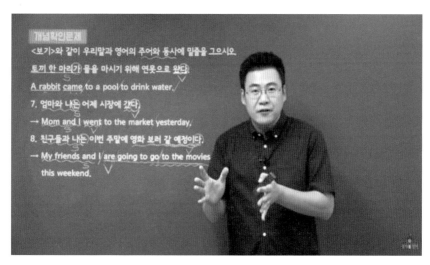

"영어는 순서가 핵중요하구요. 어순상의 차이가 영어를 어렵게 만들기 때문에 그 부분에 가능한 빠른 시간내에 익숙해지자"

마지막 부분에서 다음 수업 예고를 해 주신다. '중학영문법 마스터' 재생목록에는 100개의 Concept, 119개의 영상이 있다. 아래에 있는 영상 제목들만 봐도 기초영문법의 모든 개념이 설명되는 것을 알 수 있을 것이다. (지면관계상 일부만 나열한다) 영문법 초보자는 다 보길 추천한다.

중학영문법의 모든 기본개념에 대한 알기 쉬운 강의 시리즈　　**5장 영문법　149**

댓글들

- 오늘부터 시작!! 항상 감사드려요 선생님 오늘도 좋은 하루 보내시구 건강 조심하세요!! 선생님 덕분에 20살 되어서 다시 한 번 영어 도전하려구요!! 1강 클리어!!!!!!!!!!!!

- 선생님 EBS중학에서도 잘보고있는데 이해도 잘되고 필기하니깐 완전 잘외워지더라구요 항상 감사합니다!

- 초등 6학년되는 아들 위해 강사님 강의 들어보고 교재 구입했습니다. 너무 너무 자세한 설명의 무료강의라니... 너무 감사합니다! 아들과 4회독 하기로 했어요^^ 강의 다 듣고 실력 올려 꼭 후기 쓰겠습니다.

- 고등학교 들어가서 중학영어부터 다시 공부하는데 정말 이해가 잘가요 선생님 강의 보고 영어 열심히 하겠습니다!!

- 태어나서 영어를 이렇게 잘 가르치시는 분은 처음이네요 전부 정주행 하러 갑니다 대충 계산 해봤을 때 40시간에서 50시간 정도 걸릴 듯요

- 중 1인데 영어학원을 안 다녀서 열심히 해 보려고 쌤 강의 듣기 시작합니다! 너무 잘 고른 것 같아요ㅠㅠ 감사합니다

- OT랑 1강 듣고 책 구매했습니다 ㅎㅎ 선생님 강의 진짜 좋습니다. 토익 준비중인데, 지금이라도 이 강의 보게되서 너무 기쁩니다!!.....

- 진짜 이해 잘 되네요! 학생 때 선생님 강의를 들었더라면 더 좋았겠지만 이제라도 알게돼서 다행이에요. 좋은 강의 감사합니다!

당신이 몰랐던 영문법의 비밀-윤문법TV

구독자 8.14만 • 동영상 109개

추천동영상1: [영어 1~5형식 평생구분하기!] – 윤문법 제 6강 [당신이 몰랐던 5형식의 비밀!,영어문장기초! #품사,#문장성분,#5형식,#영어기초,#영어문장구조] (20분17초)

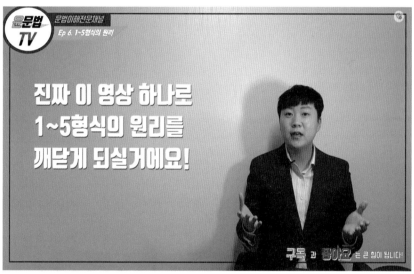

[영어 1-5형식 평생구분하기!] - 윤문법 제 6강 [당신이 몰랐던 5형식의 비밀!,영어문장기초! #품사,#문장성분,#5형식,#영어기초,#영어문장구조] #중고등영문법,#편입영문법

-당신이 몰랐던 영문법의 비밀-윤문법TV
구독자 8.14만명   🔔 구독중 ∨   👍 7.2천 👎   ↪ 공유   ↓ 오프라인 저장   ✂ 클립   ⤹ 저장   ⋯

● 조회수 25만회인 "[영어 1~5형식 평생구분하기!] – 윤문법 제 6강 [당신이 몰랐던 5형식의 비밀!,영어문장기초! #품사,#문장성분,#5형식,#영어기초,#영어문장구조]"에서 영문법만을 10년째 전문적으로 가르쳐 오신 윤문법 선생님은 영문법 공부의 기초라고 할 수 있는 문장 5형식을 친절하고 알기 쉽게 정리해 준다.

외우라고 하는게 아니라 차근차근히 이해시키는 친절한 문법선생님   **5장 영문법 151**

동사만 보고 문장의 형식을 알 수는 없다.

문장 형식을 구분하는 4가지 패턴을 가르쳐준다.

당신이 몰랐던 영문법의 비밀-윤문법TV

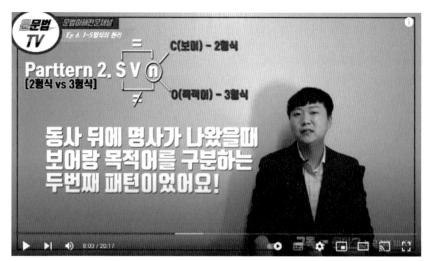

주어 동사 뒤에 나오는 명사가 보어인지 목적어인지 구분하는 방법에
대해서도 설명한다.

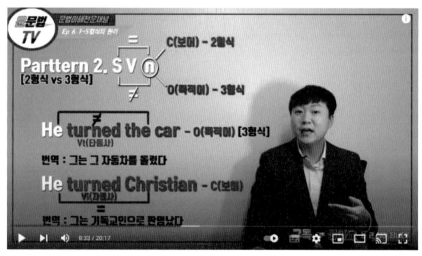

누구나 이해할 수 있는 아주 쉬운 예문으로 이해를 돕는다.

그냥 외우라고 하는게 아니라 차근차근히 이해시키는 친절한 문법선생님이다.

4형식의 기본개념을 보여준다.

당신이 몰랐던 영문법의 비밀-윤문법TV

4형식과 5형식의 차이도 간단명료하게 가르친다.

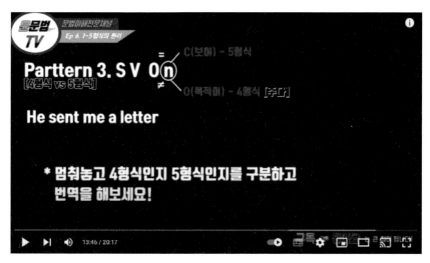

설명 중간 중간에 이해확인을 위한 문제가 제공된다는 점도 좋다. 윤문법 선생님의 이 강의는 문장 5형식을 설명하는 유튜브 동영상들 중에서 가장 돋보인다.

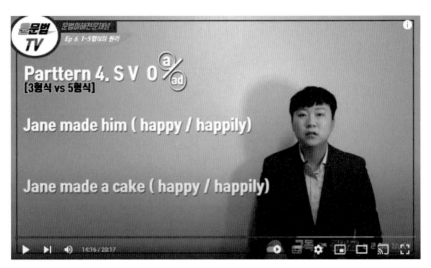

이해를 돕는 재미있는 연습문제들도 유익하다.

한국말로 '하게'라고 해석되는 말이 영어에서는 부사가 아닐 때도 있음을 일깨운다.

총정리로 5형식의 기본틀 설명을 마무리한다.

'자동사와 타동사 평생구분!!, 보어 목적어 100% 구분하기!! 이걸 모르고 있었다니! - 윤문법 제 4강 #자타동사, #보어목적어 #영문법기초,#영문법강의,#영문법 공부법

이외에도 조회수 25만회인 "자동사 타동사 평생구분!!, 보어 목적어 100% 구분하기!..." 와

외우라고 하는게 아니라 차근차근히 이해시키는 친절한 문법선생님

정식에피소드

[형용사 부사 평생 구분] - 윤문법 제2강 영문법 기초, 강의, 공부법#형용사,#부사

 -당신이 몰랐던 영문법의 비밀-윤문... 　　구독중 🔔　　👍 9.3천　👎　↗ 공유　↓ 오프라인 저장　…
구독자 7.8만명

조회수 26만회 3년 전

역시 조회수 26만회인 "형용사 부사 평생 구분" 강의영상도 영문법 기초를 다져주는 고품질 컨텐츠다.

댓글들...
- 군더더기 없이 핵심을 쉽게 설명해주시는 최고의 강의네요. 목소리도 듣기 좋고 구독 누릅니다
- 지금까지 나의 영어공부는 윤문법 선생님을 만나기 전과 후로 나뉘어진다.
- 5형식을 이렇게 잘 이해한 건 처음이에요. 마지막 정리에서 멈추고 혼자 정리해보는데 다 맞아서 희열감이!!!
- 유튜브 시장이 커지니 이렇게 좋은강의도 무료로 보고.. 감사합니다!
- 세상에~~ 이렇게 쉽게 설명하는 선생님이 있다니 놀랍습니다. 와~ 대단하십니다. 짝짝짝.
- 저렇게 형식을 나누는 건지는 진짜 처음 알았어요 !!! 너무 유익합니다!! 고맙습니다!!
- 지금까지 헷갈려했던 영어구조... 선생님덕분에 깔끔하게 정리되었습니다..너무 감사해요,,,,!!!
- 학생들 가르치면서 늘 새롭고 쉬운 방식을 찾고 있는데 윤문법 강의 찾아 들으며 도움 많이 받고 있네요!.....

세가영

구독자 9.02만명 • 동영상 931개

세가영은 초보자들이 쉽게 영어를 배울 수 있는 채널이다.

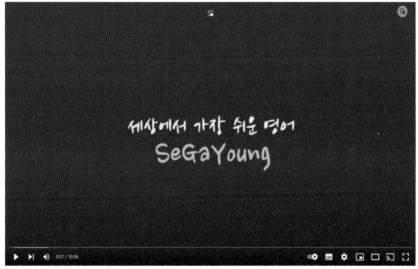

[세상에서 가장 쉬운 영어] 1강 품사란 뭘까요? #기초영문법#영문법

세가영
구독자 9.02만명　　🔔 구독중 ∨　　　　　　　👍 3.8천　👎　　↱ 공유　↓ 오프라인 저장　🏷 Thanks　✂ 클립　⋯

조회수 23만회 7년 전 혼자한 세가영 강의들 모아보기

● 유튜브를 보며 함께 공부할 수 있는 영작 책 '세가영 영문법 1권, 2권'의 저자이기도 한 Amy 선생님은 쉽게 영문법을 가르쳐서 읽기나 쓰기에 적용할 수 읽게 해주고자 이 영문법 강의 시리즈를 열었다. 세가영의 문법영상들을 보면 어려운 문법용어 없이 영어 문장이 어떻게 만들어지는지 이해할 수 있고 자연스레 영작도 배울 수 있다.

추천동영상1: [세상에서 가장 쉬운 영어] 1강 품사란 뭘까요? #기초영문법#영문법 (10분 06초)

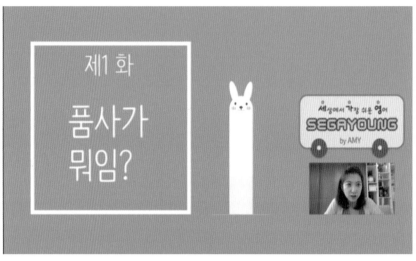

[세상에서 가장 쉬운 영어] 1강 품사란 뭘까요? #기초영문법#영문법

세가영
구독자 8.49만명   구독중 🔔   👍 3.8천 👎   ↗ 공유   ⬇ 오프라인 저장   ⋯

조회수 23만회 6년 전

조회수 23만회인 이 영상에서 Amy 선생님은 문장만들기의 기본이 되는 품사에 대해 알기 쉽게 가르쳐준다. 이 영상은 세가영의 영문법 강의들 중에 첫번째 컨텐츠다.

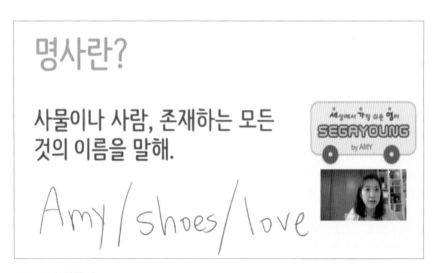

형용사란?

사물이나 사람의 성질을
나타내.

kind / soft/

BE 동사란?

BE동사 - 입니다/있습니다
달랑 두 가지 표현 가능해.
종류는 AM/ARE/IS

일반동사란?

일반적인 동사 – 모든 동작을
표현할 수 있지. 액션동사.

See / teach / eat

조동사란?

조동사 – 일반적인 동사의
앞에서 동작의 뉘앙스를 바꿔.

can go → 가다
must

부사란?

부사 - ~하게/ ~히
매우

 총정리

명사: 사물/사람, 존재하는 모든 것의 이름
형용사: 사물이나 사람의 성질
BE동사: **입니다/있습니다**
일반(적인) 동사: 몸으로 하는 모든 동작
조동사: 동사 앞에서 동사의 뉘앙스를 바꿈
부사: ~하게/~히, 매우

Music:
Design source: 블로그 진발한 쳐강씌

마지막 부분에서 총정리 해 주신다. 이 영상을 보면 뒤에 이어지는 다른 강의들도 보고 싶어 질 것이다. '영작으로 배우는 문법' 재생목록이 세 개다. 영작으로 배우는 문법 – 왕초보편, 영작으로 배우는 문법 – 중급편, 영작으로 배우는 문법 – 고급편 중에서 자신의 수준에 맞는 것을 골라보면 된다.

댓글들

- 온 가족이 다 이걸로 영어공부해요! 넘 감사합니다.

- 초보자가 다가가기 쉽게 해주셔서 좋아요! 너무 감사합니다 !! 선생님 강의로 영어공부 꼭 성공할께요~

- 쌤! 만나뵈어서 감사해요~ 저는 이제 막 회갑을 넘긴나이에 2년전부터 주부 학교에다니는 만학도입니다. 선생님 강의보고 열씸히 공부 할게요.♡

- 예비중2라 영어걱정이었는데 지금부터라도 이 강의 열심히보고 열공하겠습 니다 감사해요ㅠ

- 1강부터 정주행 중입니다. 완전 초보에 영어접근조차 꺼려졌는데 덕분에 조 금씩 내딛고 있습니다^^ 감사합니다~

- 너무 쉽게 쏙쏙 잘들어오네요 정말 감사합니다!!

- 세가영 amy샘~~^^ 너무 좋은 강의 감사합니다^^ 오늘 33강까지 들었습니 다♡

- 아예 be동사도 모르는 사람입니다 오늘 처음보는데 너무 잘가르치시네요……

- 나이 40 다 돼가는데 지금이라도 알아서 너무 감사합니다 10화까지 오늘 스 트레이트로 보고 다시 공부해봅니다 정말 유튜버 쌤중 최고에요!!!

- ㅎㅎㅎ우연히 97강 듣고 넘 좋아서 1강부터 정주행 하려구요~!...

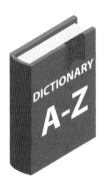

6장. 영단어학습

Uncle Jack
구독자 17.5만명 • 동영상 198개

추천동영상1: 기적의5분단어(13분33초)

기적의 5분 영단어 (1편) - 이제는 잊혀지지 않아서 걱정인 영단어 암기법

Uncle Jack
구독자 17.5만명   가입   🔔 구독중 ∨   👍 4.6만 👎   ↗ 공유   ⬇ 오프라인 저장   ⑤ Thanks   ✂ 클립   …

조회수 116만회 4년 전 기적의 5분 영단어

● 조회수 116만회인 "기적의 5분 단어(1편 이제는 잊혀지지 않아서 걱정인 영단어 암기법)"에서 Uncle Jack 쌤은 지루하지 않고 재미있게 어휘공부를 시켜준다.

어원과 언어유희를 이용하는 방법을 13분 30초짜리 영상에서 소개한다.

Uncle Jack 쌤은 넓은 상식으로 시청자의 흥미를 유발하고 이해를 돕는다. 편안한 목소리라 귀에 쏙쏙 들어오고 기억에도 잘 남는다.

영상편집도 꽤 세련되고 여러 번 반복해서 단어를 말해주기 때문에 암기에 도움이 된다. 듣기 좋은 배경음악도 이 영상의 장점이다. 계속 업로드 되고 있는 기적의 5분단어 시리즈는 편안하게 즐기면서 시청하면 어휘력이 늘어나는 매우 유익한 컨텐츠다.

댓글들…

- 세상에…… 이런 경악할 훈장님이 계시다니!!

- 웬만하면 영상 하나 보고 구독하진 않는데 안할수가 없네요 ㅎㅎ

- 개그코드가 진지하면서도 뭐랄까아재아재하다…. 좋네요

- 헐 목소리 ,목소리 톤, 발음 뭐 하나 흠잡을 때가 없네요. 일단 듣기 편안하니 귀에 쏙 쏙 잘 들어오네요.

- 이영상을 본저는 복받은사람인가봐요 보물을 찾은 느낌입니다

- 여태까지 유튜브를 보면서 댓글을 단 적이 세 손가락 꼽는데 그 중에 이 강의가 으뜸이네요.

- ㅋㅋㅋㅋ 몸무게 장면에서 빵터졌네요

- 머리에 쏙쏙 들어옵니다. 유머감각 최고세요.

채널명: JK English

구독자 6.5만명 • 동영상 125개

● JK English는 수능영어 강사인 JK선생님이 15년간 학생들을 가르치면서 얻은 영어공부 노하우를 공유하기 위한 채널이다. 시청자들의 시간과 돈을 아껴주는 실용적인 강의와 꿀팁이 많다.

4년전에 이 방법으로 완벽하게 정착했습니다.

외우려고 안해도 자동 암기되는 이상한 단어 학습법 | 시험날 단어빨 제대로 발휘시켜 줍니다.| 수능, 토익, 공시생가능

Jk English
구독자 6.5만명   🔔 구독중 ∨   👍 2.2천   👎   ↗ 공유   ⬇ 오프라인 저장 $ Thanks   ✂ 클립   …

조회수 6.7만회 2년 전

추천동영상1: 외우려고 안해도 자동 암기되는 이상한 단어 학습법 | 시험날 단어빨 제대로 발휘시켜 줍니다. | 수능, 토익, 공시생가능(9분 28초)

조회수 6.7만회인 이 영상에서 JK선생님은 4년동안 직접 학생들에게 적용시켜보고 꾸준히 결과를 확인한 방법을 공개한다. 신박한 단어학습 방법이다. 공무원 시험이든 수능이든 토익이든 자신의 목표 시험에 다 적용해서 활용할 수 있다. 매일 30분씩 이것만 하면 시청자들의 단어 걱정은 완전히 사라질 수 있을 것이다.

그럼 이학생의 단어 실력이 100점인가요?

영상 앞부분에서는 많이 쓰이는 영단어 테스트법의 단점에 대해 간략히 설명한다.

고등학생 입장에서는 수능필수단어, 고등필수단어를

외우려고 안해도 자동 암기되는 이상한 단어 학습법   **6장 영단어학습 173**

어디서 물어봐도 찌르면 나와야 합니다.

지금 현재도 우리 학원 학생들에게 100%적용하고 있는 바로 이방법

영상을 끝까지 봐야한다.

PC나 모바일 프로그램이라서 그렇다.

인터넷에서 찾을 수 있는 여러가지 중에 마음에 드는 것을 골라 쓰면 된다.

단어 테스트 무작위로 500개씩 매일 시킨다.

숙달되면 20~25분이면 끝납니다.

너무 오래 걸리면 실제 학습에 쓰기가 어렵다.

뇌를 스쳐간 기억들이 갑자기 떠오르는 순간이예요.

단어 외우는건 정말 힘들다는 학생조차도

단어 실력이 확 올라 갔습니다.

한달을 하면 15000개 테스트를 하는거예요.

외우려고 안해도 자동 암기되는 이상한 단어 학습법

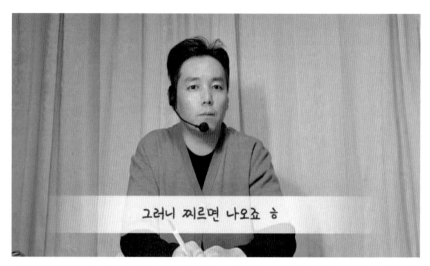

다른 영상들 중에 조회수 32만회인 "한국사람95%가 모르는 영어독해 비법 - 초딩5학년도 쉽다고 8분 집중한 영상 (수능, 토익, 공시생가능)" 영상도 아주 유익해서 강추한다.

댓글들

- 선생님 어휘로 고생 중이였는데 넘 넘 감사합니다

- 존잘JK쌤!! 유튜브 해주셔서 감사해요♥ 한 마디 한 마디가 모두 보석이네요 ♥…

- 쌤 강의는 정말 심플하면서도, 강력하네요! 감사합니다!!!

- 공부를 하면서도 단어가 안 외워져서 너무 고민이 많았었는데...이런 귀한 정보를 공유해 주시다니.. 너무 너무 감사합니당~ 복 받으실겁니당~^^

- 정말 확실한 방법같아요!

- 정말 큰 도움이 되는 팁 너무 감사합니다. 크게 공감합니다. 아이들에게 당장 적용해보겠습니다.

- 영어 단어 암기는 이게 진짜입니다.. 진짜 수천만원 짜리 영상이라고 해도 부족해요…

- 유튜브 해주셔서 감사합니다 진짜 그저 빛… 진짜 영어때문에 온갖영상 다 찾아보는중인데 선생님이 최고에요!

소린TV

구독자 17.2만명 • 동영상 397개

소린TV는 EBS 프로그램 공부의 왕도에 출연한 안소린님(서울대, 고려대, 연세대, 포스텍 동시합격)이 공부 노하우 꿀팁을 전수하는 공간이다. 시청자가 댓글로 궁금한 것들을 남기면 거기에 맞춰서 답변도 해주는 소통을 위해 많은 노력을 기울이는 채널이다.

추천동영상1: 전교 1등이 알려주는 영단어 암기법 (영어 공부법, 영어 잘하는 법) (6분13초)

전교 1등이 알려주는 영단어 암기법 (영어 공부법, 영어 잘하는 법)

소린TV ✓
구독자 17.2만명 🔔 구독중 ∨

👍 4.7만 👎 ↱ 공유 ⬇ 오프라인 저장 ✂ 클립 ☰+ 저장 ⋯

조회수 165만회 1년 전

● 조회수 165만회인 "전교 1등이 알려주는 영단어 암기법 (영어 공부법, 영어 잘하는 법)"에서 안소린님은 본인이 직접 효과를 체험한 영어단어 외우는 방법을 차분한 목소리로 시청자들과 공유한다.

SKY, 포스텍 동시합격자는 단어를 어떻게 외울까?

제 영단어 암기법은 한 단어도 빠짐없이 완벽하게 암기할 수 있는

뜻을 말해봅니다. 그리고 다음 장으로 넘겨서 뜻을 확인하고

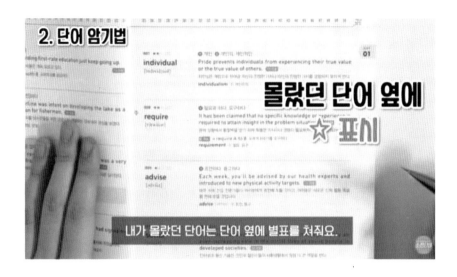

SKY, 포스텍 동시합격자는 단어를 어떻게 외울까?

2. 단어 암기법

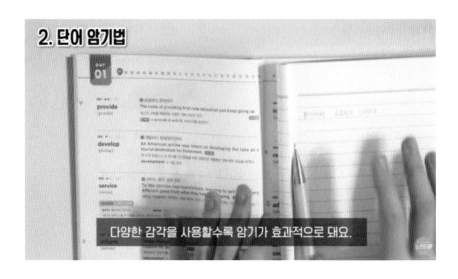

다양한 감각을 사용할수록 암기가 효과적으로 돼요.

2. 단어 암기법

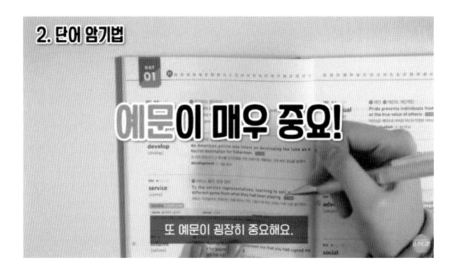

예문이 매우 중요!

또 예문이 굉장히 중요해요.

소린TV

2. 단어 암기법

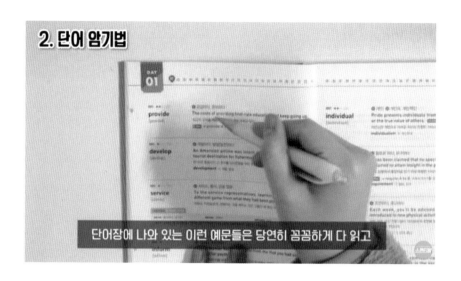

단어장에 나와 있는 이런 예문들은 당연히 꼼꼼하게 다 읽고

암기를 웬만큼 했다 싶으면 테스트로 넘어갑니다.

SKY, 포스텍 동시합격자는 단어를 어떻게 외울까?

3. 누적 복습법

누적 복습

Word
∞ master

이제 누적 복습에 대해서 말씀드릴게요.

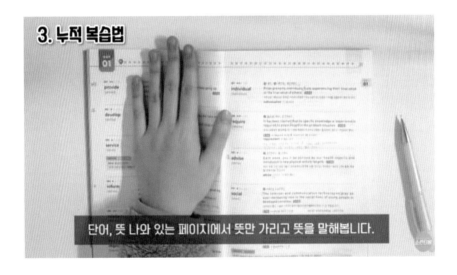

3. 누적 복습법

단어, 뜻 나와 있는 페이지에서 뜻만 가리고 뜻을 말해봅니다.

소린TV

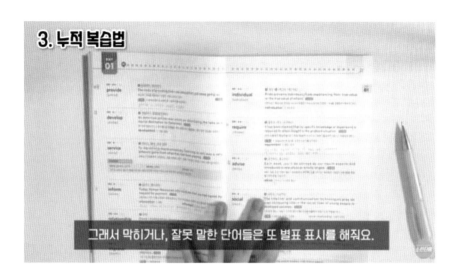

3. 누적 복습법

그래서 막히거나, 잘못 말한 단어들은 또 별표 표시를 해줘요.

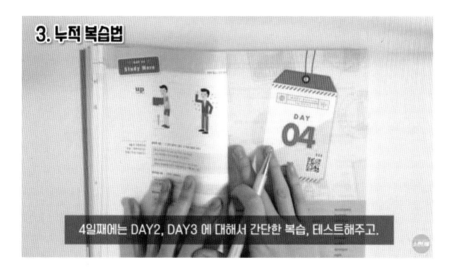

3. 누적 복습법

4일째에는 DAY2, DAY3 에 대해서 간단한 복습, 테스트해주고.

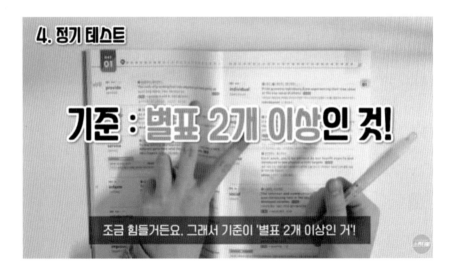

4. 정기 테스트

Quizlet

테스트할 때는 '퀴즐렛'이라는 단어 암기 앱을 적극적으로 사용했는데요.

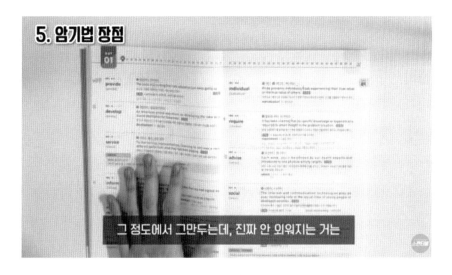

5. 암기법 장점

그 정도에서 그만두는데, 진짜 안 외워지는 거는

6. 수시 복습

내가 까먹었다 하면 또 별표 치고

〈 소린TV 영단어 암기법 〉

- 오늘 외울 단어 보고 뜻 말하기, 몰랐던 단어 ☆ 표시
- 눈으로 읽고/소리 내어 읽고/글씨 쓰며 암기
- 안 외워지는 거, 자꾸 틀리는 거 ☆ 표시
- 예문 공부 중요!　　　－누적 복습 3일 + 수시 복습
- 일주일, 한 달마다 테스트 (퀴즐렛)

그래서 여러분도 이 방법대로 단어 공부를 해보시기를 추천할게요.

댓글들…

- 소린님은 진짜 필요한 주제로 임펙트있게 전달해주셔서 너무 좋아요ㅠ

- 역시 서울대생은 단어 암기하는 것도 엄청나게 꼼꼼하고 체계적이네요… 감탄하고 갑니다!! 요즘 단어 암기에 너무 소홀해져있는데 이 방법으로 단어 공부 좀 해야겠어요..!

- 40대 아주머니도 잘 보고 갑니다. 아이엘츠 준비중인데 너무 감사하네요. 역시 노력은 성공의 길이네요♡ 좋은하루 되세요

- 영어 단어 시험을 앞두고 있어서 어떡해 공부를 할까 했는데 이 영상을 보고 정말 많은 도움이 된 거 같습니다….

- 야무지게 전략을 ㅋㅋㅋㅋ 대단합니다. 예문을 통해 익히는거 어제 깨달았는데 오늘 더 전략적 학습 진심 고맙습니다

- 학생들에게 꼭 필요한 꿀팁 전해주셔서 감사합니다 :) 가르치는 학생에게 전달했습니다~

- 소린님 덕분에 요즘 막막했던 공부들이 조금씩 잘 되는거 같아요 너무 감사합니다!

- 와우.. 감사합니다. 제 아들에게 이렇게 시켜야겠어요.

지후영어

구독자 15.2만명 · 동영상 443개

● 지후영어를 운영하는 주지후 선생님은 Brigham Young University Hawaii에서 언어학 과정을 수료하고 영어교육 전공으로 졸업했다. '신기하게 영어 뇌가 만들어 지는 영문법', '대한민국 영문법 0교시'의 저자이며 KBS [해피투게더 4] "아무튼 한달-토익" 편에도 출연한바 있다.

추천동영상1: 단기간에 영어 단어를 외우는 가장 좋은 방법 (경험담 공개) #영어공부 #단어암기 #시험대비 (5분 18초)

조회수 13만회인 이 영상에서 지후 쌤은 미국 유학시절 본인이 직접 썼던 영어 단어암기법을 시청자들과 공유한다.

'외운다' 라기 보다는 '친해진다'

'친해진다' - 정말 적확한 표현이다.

단어의 '길이'나 '뜻' 보다는 접한 '빈도'와 관련이 있습니다

단어가 쉽고 어렵게 느껴지는 것은 그 단어를 얼마나 접해 보았는가와
관련되어 있다.

자주 쓰고 자주 접하는 단어는
'길이'와 '뜻'에 상관없이 나에게 '쉬운' 단어가 된다

단어도 사람처럼 자주 만나면 친해지고 자주 안 만나면 멀어진다.

한 번에 완벽하게 이 단어들을 다 외워야지!
라는 생각은 위험합니다

한 번에 목표단어 분량을 다 암기하는 것은 불가능하다.

(예시) 오늘 외울 단어
1. Trial 재판, 시련
2. Odd 이상한, 특이한
3. Additional 추가의
4. Ordinary 평범한
5. Biweekly 격주의, 격주로
6. Organize 조직하다
7. Mutual 상호간의
8. Persuade 설득하다
9. Kink 구부러진 것, 뒤틀림
10. Transcribe 글로 기록하다

우리의 뇌는 한 번에 모든 것을
저장하는 것을 원래 못합니다

오늘 외우기로 한 단어 10개를 한 번에 다 외우려 하면 우리 뇌에는 과부하가 걸린다. 일부는 머리에 들어오지 않는 게 정상이다.

(예시) 훅 들어온 단어들
1. Trial 재판, 시련
2. Odd 이상한, 특이한
3. Additional 추가의
4. Ordinary 평범한
5. Biweekly 격주의, 격주로
6. Organize 조직하다
7. Mutual 상호간의
8. Persuade 설득하다
9. Kink 구부러진 것, 뒤틀림
10. Transcribe 글로 기록하다

예를 들면 노란색 단어들은 한 번에 들어오지만 흰색 단어들은 들어오지 않는다.

그러면 잘 안 외워진 단어 네 개를 따로 떼서 정리한다

다음날 단어를 외울 때는 전날 안 외워진 단어 네 개에 새 단어들을 추가해서 10개를 만들어 외운다.

새로 만든 리스트 10단어중에도 3-4개는 역시 잘 안 외워질 것이다.

그러면 그것들은 다시 따로 정리해서 다음에 외울 단어리스트 10개에 포함시킨다.

1. 새로운 단어
2. 새로운 단어
3. Genuine 진짜의, 진실한
4. 새로운 단어
5. 새로운 단어
6. 새로운 단어
7. 새로운 단어
8. Waive: 포기하다, 면제해주다
9. Kink 구부러진 것, 뒤틀림
10. Transcribe 글로 기록하다

그렇게 하면 이런 단어리스트가 생성된다.

1. 새로운 단어
2. 새로운 단어
3. Genuine 진짜의, 진실한
4. 새로운 단어
5. 새로운 단어
6. 새로운 단어
7. 새로운 단어
8. Waive: 포기하다, 면제해주다
9. Kink 구부러진 것, 뒤틀림
10. Transcribe 글로 기록하다

여러분의 목록은 10개 일 수도 있고 50개 일 수도 있습니다
다만 저는 본인이 소화할 수 있는 정도를 추천합니다

단어의 개수는 학습자의 역량에 맞게 정하면 된다.

이런 과정을 통해 몰랐던 단어들이 점점 익숙한 단어가 되어간다.

결국엔 내가 아는 단어가 된다.

오늘의 핵심: '반복'은 그 모든 다른 요소들을 압도한다

반복의 효과는 정말 강력하고 중요하다. 언어학습의 다른 영역(듣기, 말하기, 읽기, 쓰기 등) 에서도 마찬가지다.

'한 번에' '강제로' 몰아서 하는 반복이 아니라
'꾸준한' '자발적' 반복일 경우 효과는 배가 됩니다

어려운 단어도 리스트에 몇 번 오르면 어느새 외워지는 단어가 된다.

이런식으로 계속하면 모르는 단어는 점점 줄어들고 아는 단어는 점점 늘어난다. 지후 쌤의 다른 영상들 중에 조회수 41만회인 "신기하게 영어 뇌가 만들어지는 영상 1편 – 10분이면 여러분께 제 뇌를 보여드릴 수 있습니다"도 추천한다.

댓글들

- 와우. 공부해서 남 주는 대표적인 분이시네요.

- 아이 단어 공부시킬때 너무 힘들었는데 좋은 방법 같아요~꿀팁 감사해요~^^

- 재미나게 가르쳐주셔서 계속보고싶어져요 ♡♡♡♡♡ 감사합니다

- 매 영상 너무 잘 보고 있습니다~~**::) 감사합니다

- It really makes sense!!!

- 미쳤다..... 공시준비중인데 이해안되던게 다 이해되네요.....

- 반복, 숙달.... 최고에요 정말..... 말이 필요없다.

- 요즘 시험준비 중이라 단어 고민이 많은데 한번 따라해보겠습니다

- 댓글 잘 안쓰는데 진짜 핵심을 잘 찍어주신것 같아요 그 원리를 듣고 정말 순간 소름돋은 1인.

- 들으면 들을수록 많은 공부와 조사를 하시며 가르치신다는 생각이 들어 감사합니다……

7장. 영어발음

Aran TV

구독자 53.3만명 • 동영상 505

추천동영상1: 한국어 발음, 미국인에겐 어떻게 들릴까 (10분5초)

[발음비교 #4] 한국어 발음, 미국인에겐 어떻게 들릴까? #왕신기 #언빌리버블

Aran TV
구독자 53.3만명

구독중 ∨   👍 2.3만   👎   → 공유   ⬇ 오프라인 저장   ⓢ Thanks   ✂ 클립   ⋯

조회수 300만회 5년 전

● 조회수 300만회인 "한국어 발음, 미국인에겐 어떻게 들릴까?"에 서 원어민들은 한국식 영어발음을 전혀 못 알아듣고 어리둥절해한다.

[발음비교 #4] 한국어 발음, 미국인에겐 어떻게 들릴까? #왕신기 #언빌
리버블

한국인이 전형적으로 자음으로 끝나는 영어단어에 '으' 나 '이' 를
붙여서 발음하면 진짜로 못 알아듣는 원어민들의 반응을 볼 수 있다.

[발음비교 #4] 한국어 발음, 미국인에겐 어떻게 들릴까? #왕신기 #언빌
리버블

[발음비교 #4] 한국어 발음, 미국인에겐 어떻게 들릴까? #왕신기 #언빌
리버블

예를 들면 '칼슘'이 원어민들에게 어떻게 들리는지 보여준다.

[발음비교 #4] 한국어 발음, 미국인에겐 어떻게 들릴까? #왕신기 #언빌
리버블

이어서 정확한 원어민 발음도 들려준다.

비슷한 컨텐츠인 [발음비교 시리즈 #1,2,3]과, "1초 만에 원어민 발음 되는 꿀팁!" 그리고 조회수 43만회인 "동기부여 팍팍! 영어가 당신 삶을 바꿔줄 다섯 가지 이유"도 추천한다.

한국인 발음을 미국인은 왜 못 알아들을까?

다른 인기동영상인 "가르친 학생 100%가 틀렸던 발음(조회수 125만)"에서는

It is not che-yn-ji-d.

[Cheynjd]

한국인들이 '이'나 '으'를 넣어서 원어민 발음과 많이 다르게 소리나는 단어들을 문장과 함께 설명한다. 말을 보통 문장으로 하기 때문에 단어는 예문과 함께 익히는 것이 좋다고 조언한다. 영어 발음을 더 깊이 있게 배우고 싶은 분들은 채널홈에서 "아잉 영어 발음" 재생목록을 찾아보기 바란다.

댓글들…

- 남자분 고흐 닮으셨어요..

- ..... 그렇다면 애드 치즈 를 이해 못 한 점원...네가 불친절한 게 아니었구나...

미안해

어쩐지 미쿡사람이에요우 라고하더라

- 와 진짜 전혀다르게 듣는구나 B P듣고보니까 엄청 신기하네

- 한국사람만큼 친절하고 기본 영어 잘 되있는 나라 없더라~~!

- 남자분 하나도 못맞춰서 우울..

- 많이 배우고 가네요.

- 액센트없는 한국말 사랑합니다.

- 아란님 자막 저렇게 하나하나 영어 한국어 다는거 엄청 힘들다던데.. 진짜 구

독자를 위해서ㅜ감사합니다 천사예요 ㅠㅠ

잉클English Clinic by Julie Song

구독자 5.18만명 • 동영상 122개

● Julie Song 선생님은 아이비리그 컬럼비아대(Columbia University)에서 Speech-Language Pathology 석사학위를, 뉴욕대(NYU)에서 방송학(Broadcast Journalism) 학사학위를 취득했다. 13년차 네이티브 언어 테라피스트(Speech Therapist)로서의 경험과 30년 넘게 미국에서 살고 뉴욕/뉴져지에서 여러 연령대의 원어민/한국인들을 포함한 다중언어인들의 영어 소통 관련 고민들에 대한 13년 이상의 상담 경험을 바탕으로 시청자들의 영어고민을 듣고 함께 해결하기 위해 이 채널을 운영한다.

추천동영상1: [영어 발음 교정 노하우-1] 발음 교정 정말 하고 싶으신 분들을 위한 전문적 체계적 단계. 미국 Speech Therapist들이 실제로 사용하는 과학적 체계. (11분56초)

[영어 발음 교정 노하우-1] 발음 교정 정말 하고 싶으신 분들을 위한 전문적 체계적 단계. 미국 Speech Therapist들이 실제로 사용하는 과학적 체계.

잉클English Clinic by Julie Song
구독자 5.18만명   △ 구독중 ∨   👍 2.8천 👎   ↗ 공유 ↓ 오프라인저장 ⑤ Thanks ✂ 클립 …

조회수 7.6만회 2년 전 중급용 잉클 공부 순서 (As of 12.28.2021)

이 영상을 통해 Speech Therapist인 Julie Song 선생님은 과학적으로 검증된 영어 발음을 교정하는 전문적 체계로 시청자들을 안내한다.

발음은 계속 말을 한다고 늘지 않는다. 발음교정은 영어 공부의 다른 영역과는 달리 새로운 것을 배우는 것과 동시에 전에 있던 습관을 없애야 한다. 근육과 몸이 기억하는 습관들을 교정해야 하기 때문에 어렵다.

음소 단위에서 시작해야 한다. 그 음소를 제대로 발음할 수 있는지부터 집고 넘어 가야 한다. 기본에 충실하며 단계를 밟아가야 한다. 구강구조 안 작은 근육들의 움직임들이 변해야 한다.

정확히 들을 수 있어야 한다.

발음 교정은 무작정
듣고 따라하면
효과가 없다.

효과적인 방법은:
교정 할 음소를
집중적으로 하루에
10 ~ 30분씩 듣고
따라하는 것.

이런 동영상 자료들을 많이 제작해서 올려 두셨다.

우리 한국인은 자음모다 모음 발음에서 아쉬운 점이 많다. 이점은 모음에서 영단어의 뜻이 달라지는 경우가 많아서 중요한 문제가 된다.

Tip #6 | Minimal Pair로 발음 연습
(특히 초기에는)

Tip #7 | 녹음 / 녹화 하며
내 발음 모니터링 하기

이 영상은 본격적인 발음교정으로 안내하는 길잡이 영상이다. 채널 홈에서 주제별, 수준별 재생목록과 영상들의 제목을 참고하여 필요에 따라 시청하고 연습하면 원어민도 감탄하는 영어 발음을 할 수 있을 것이다. Julie Song 선생님은 댓글을 남기면 적극적으로 소통하며 격려와 응원을 해 주신다.

댓글들…
- 이런 강의를 어디서 들을 수 있을까요? 귀한 강의 들을 감사히 배우겠습니다. 좋아요!!
- 진짜 이런 강의를 영상으로 만들어주신 선생님 진심으로 존경하고 감사합니다.
- 저 내년 목표 정했어요! 다른 공부 일단 다 내려놓고 발음 연습 1년동안 열심히 할래요! 영상 하나 봤는데 무한신뢰가 생기네요ㅎㅎ 귀한 가르침 정말 감사합니다! 믿고 따라갈게요!!
- 엄마표 공부시작하고 아들에게 자신있게 말할수 있도록 아들과 함께 엄마도 영어공부 시작합니다!! 선생님 잘 부탁드려용~~^^
- 제가 원하는 영상을 올해 마지막날에 만나게 되었네요. 미국 살면서도 항상 부족함을 느낍니다. New year's resolutions으로 매일 공부하려고 합니다!
- 느낌이 팍 옵니다 ! 이제 매일 조금씩 정주행 들어갑니다 ^^
- 와우!!!! 어디서도 찾아볼수 없는 정말 귀한 영상이네요~~~

과학적으로 검증된 실패하지 않는 영어발음 교정법

진저 Jinger Cho

구독자: 31.6만명 • 동영상 544개

추천 동영상1: 크리스 헴스워스 VS 스칼렛 요한슨, 영어발음 극과극 비교(7분23초)

크리스 헴스워스 VS 스칼렛 요한슨, 영어발음 극과극 비교

진저 Jinger Cho ⊘   가입   🔔 구독중 ∨   👍 1.8만   👎   ↪ 공유   ⬇ 오프라인 저장   ✂ 클립   ⊏⁺ 저장   ⋯
구독자 31.6만명

조회수 247만회 3년 전 #진저영어 #호주발음 #미국발음

● 조회수 247만회인 이 동영상에서 진저 쌤은 미국영어와 호주영어의 차이를 설명한다. 스칼렛 요한슨과 크리스 헴스워스가 재미를 위한 설정으로 티격태격하며 대화하는 영어 발음을 재미있게 비교해준다. 몰입해서 보게 된다. 많이 굴리는 스칼렛 요한슨과 굴리지 않은 크리스 헴스워스의 발음이 분명하게 대비를 이룬다.

초성으로 나오는 r 발음을 정확하게 하는 게 중요해요

또한 우리말의 '르'과는 분명히 다른 'r'과 'l'을 발음하는 방법을 알려준다.(예를 들면, r로 끝나는 단어의 r발음은 굴리지 않아도 소통에 큰 문제가 없다.) 영어발음이 구리다는 악플에도 불구하고 소통에 전혀 문제가 없었던 자신의 경험담도 들려준다.

A growing number of people are making YouTube videos.
점점 더 많은 사람들이 유튜브 영상을 만들고 있다.

#진저영어 #스킬햇요한순인터뷰 #호주발음
크리스 헴스워스 vs 스칼렛 요한슨, 영어발음 극과극 비교

회화에 유용한 영어표현도 가르쳐준다.

또 다른 인기 동영상(조회수 236만회, 5분11초)인 "블랙핑크 로제 호주 발음 VS 제니 뉴질랜드 발음 들어보기"에서는 호주발음과 뉴질랜드발음에 대해 말해준다. 호주에서는 스펠링 'ei'를 '아이'처럼 발음하고 뉴질랜드에서는 seven, eleven을 '시븐', '일리븐'처럼 발음한다. "어느 나라 발음인가 구분하는 것보다 어느 나라 발음이든 잘 듣는 게 장땡이다"라는 진저 선생님 말이 마음에 팍 와 닿았다.

진저 쌤은 미국발옴 이외에 영국, 호주, 뉴질랜드 등 다양한 엉어발음에 대해 가르쳐준다. 각각 조회수 153만, 165만이 넘는 "강동원의 영어실력"과 미드 배우 "김윤진의 영어실력" 동영상도 많이 본 동영상이다.

댓글들…

- 한순이언니랑 햄식이 둘 다 너무 좋아ㅠㅠ

- 헐 갓칼렛언니 ㅈㄴ 좋아ㅠㅠㅠㅠㅠ

- 영상 너무 잘 보고갑니다! 정말 유익한 영상이에요.

- 토르형 목소리 진짜 최고네

- 세종도 r을 인지했는데 쓸모 없다고 판단해서 뺐을걸?

- 영어는 모르겠고 햄스워스 너무 멋있다ㅜㅜㅡㅜ

- 아 둘이 대화하는거 웃기다.ㅋㅋㅋㅋㅋㅋㅋㅋ

- 영국에도 당연하지 게임이 있네…

서메리|MerrySeo

구독자 7.67만명 • 동영상 151개

추천 동영상1: 아무도 알려주지 않는 영어발음의 비밀 (9분45초)

★ 우리말과 영어의 소리 체계는 근본적으로 다르다 ★

서메리 | 아무도 알려주지 않는 영어 발음의 비밀 | 초보 학습자에게 파닉스가 효과적일까? | 영어와 우리말의 차이 | 영어공부 | 영어 독학 | 영어스피킹

서메리|MerrySeo
구독자 7.67만명   🔔 구독중 ∨   👍 5.5천 👎   ↗ 공유   ↓ 오프라인 저장   ✂ 클립   ≡+ 저장   …

조회수 12만회 3년 전

● 서메리 쌤은 조회수 12만회인 "아무도 알려주지 않는 영어 발음의 비밀" 영상에서 "영어와 우리말의 소리는 강아지 소리와 돌고래 소리처럼 다르다. 강세, 억양, 리듬, 발성, 등이 모두 다르다. 스피킹 초보자일수록 발음을 글자가 아닌 소리덩어리로 익히는 것이 맞는 순서이기 때문에 초보자에게 파닉스는 효율적이지 않을 수도 있다"고 주장한다.

서메리 | 영어 발음, 함께 공부해요 (1) | 영어 발음 공부법 | 영어와 우리
말 발음의 근본적 차이 | 현직 번역가와 함께하는 영어 독학

조회수 7.8만회인 다른 영상 "영어 발음, 함께 공부해요 (1) | 영어 발음 공부법 | 영어와 우리말 발음의 근본적 차이"에서는 한국어와 영어에서 모음 비중의 차이에 대해 알려준다. 그동안 우리가 받은 학교 영어교육에서는 자음의 차이만 너무 많이 배웠다. 영어에서는 모음이 완전 생략되는 경우도 아주 많다. 한국어는 음절중심어라서 모음을 생략하는 경우는 없다. 하지만 영어는 다르다. 모음이 없는 곳에서 모음을 발음하지 않으면 원어민과 비슷한 소리를 낼 수 있다.

'impressed' [Im'prest]도 원어민에게는 억지 모음을 넣은 [임**프레스트**]가 너무 이상하게 들린다. 작가이자 번역가이기도 한 서메리 쌤은 차분한 목소리로 아나운서가 방송을 하는 것처럼 영어발음에 대해 가르쳐준다.

댓글들…
- 듣기만해도 힐링
- 영상 기달릴께요~~~^^
- 정말 유튜브 평생 해주세요~~^^
- 지루하지 않고 재밌고 유익해요.^^
- 오 이거 진짜 맞는말 같아요~~
- 본격 한국어을 들으면서 힐링하는 채널
- 혹시 학원같은곳에서 강의는 안하시나요?
- 공감합니다~ 노래로 비유하자면 창법이 달라요. 한국어가 가요라면 영어는 성악입니다.

mmmEnglish

구독자 552만명 • 동영상 284개

English Pronunciation Training | Improve Your Accent & Speak Clearly

mmmEnglish ✔
구독자 552만명   🔔 구독중 ∨   👍 20만 👎   ➡ 공유   ⬇ 오프라인저장   ✂ 클립   ☰+ 저장   …

조회수 946만회 7년 전 Pronunciation Practice! 😊

● mmmEnglish의 사명은 전 세계의 학생들이 영어를 쉽게 말하는 데 필요한 자신감을 갖도록 돕는 것이다. 이 채널에는 200개 이상의 영어 수업이 있어서 어휘를 익히고, 자연스러운 발음을 개발하며, 문법 정확도를 높이고, 유창한 대화를 할 수 있게 돕는다.

추천동영상1: English Pronunciation Training | Improve Your Accent & Speak Clearly
(7분 45초)

조회수 946만회인 이 영상에서 Emma쌤은 영어 알파벳이 만들어 내는 모든 소리를 하나하나 입모양과 함께 내준다. 발음을 정확히 하기 위해서, 흔히 발음기호라 부르는 국제음성기호(International Phonetic Alphabet) 각각의 정확한 소리를 익히는 것은 필수다.

많은 언어에서 알파벳 하나는 한종류의 동일한 소리가 난다.

When you see letters in an English word, they won't always be pronounced the same way.

하지만 영어 알파벳은 항상 동일한 소리가 나는 것은 아니다.

cup
place
chocolate
ache

예를 들면, 위 네 단어에서 알파벳 c는 각각 "k" 소리, "s" 소리, "tʃ" 소리, "k" 소리가 난다. chocolate의 c와 ache의 c는 둘 다 h 앞에 있지만 소리는 다르다. 그래서 영어발음이 어렵다.

IPA(발음기호)는 각 사운드를 나타내는 고유기호이다. 이것만 보면 정확히 어떤 소리인지 알 수 있어서 발음을 배우고 연습할 때 매우 유용하다. 새로운 단어를 만났을 때 인터넷 사전의 발음기호를 꼭 보고 그 옆에 스피커 모양을 눌러보는 습관을 기르자!

위 세 단어에도 'ough' 스펠링은 다 들어 있지만 소리는 각각 다르게 난다. IPA를 보면 소리가 어떻게 다르게 나는지 분명히 알 수 있다.

영어 알파벳은 28개다.

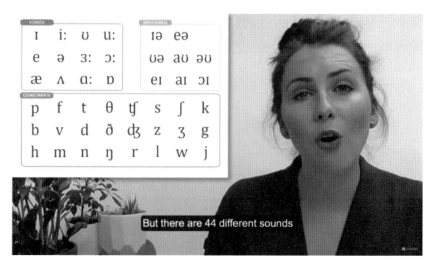

28개의 알파벳이 만들어 내는 소리의 수는 44개로 알파벳 수보다 훨씬 많다. 발음기호가 필요한 이유다.

알파벳에는 5개의 모음이 있다.

하지만 발음기호상에는 단모음 소리만 12개이고,

이중모음 소리가 8개다.

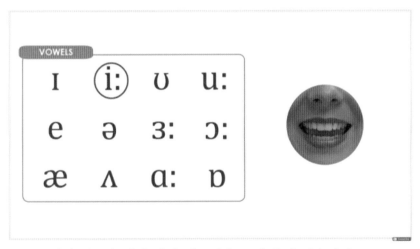

Emma 쌤이 단모음 하나 하나 입모양을 보여 주며 발음한다.

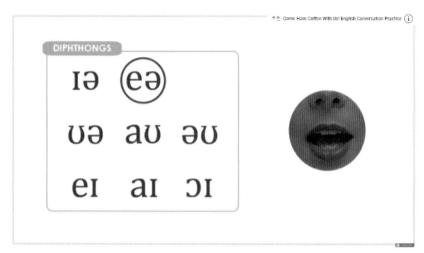

이중모음 8개도 하나 하나 입모양을 보여 주며 발음한다.

자음 발음으로 넘어 간다. 역시 실제 자음 소리수(32개)도 알파벳 자음 수(23개) 보다 많다.

첫 줄과 h가 성대를 진동시키지 않고 내는 소리인 무성음이고,

둘째, 셋째 줄(h제외)이 목청이 떨려 울리는, 즉 성대가 진동하는 소리인 유성음이다.

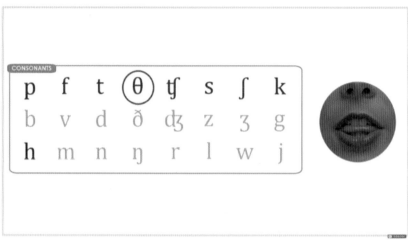

무성음을 하나씩 입모양을 보여 주며 시연한다.

유성음 발음기호도 하나 하나 소리내는 것을 보여준다.
조회수 2170만회인 "10 English Words You're (probably)
Mispronouncing! | Difficult Pronunciation | Common Mistakes"
영상도 꼭 보길 바란다.

댓글들

- This is an amazing video. Very clear and well explained!

- Emma, I am finding your lessons very helpful.

- Wow! Fantastic video! As a teacher of English, I surely need this lesson to teach my students. This video goes to my list!

- Thank you Emma for your great lessons, they help us a lot. You are a fantastic teacher and you create such enjoyable lessons.

- One of the best, shortest, most useful and concise lesson I have ever followed!

- Dear Emma your teachings are key and priceless! Thank you very much!

- Very useful lesson. Huge respect for my teacher Emma

**당신을 영어고수로 만들어 줄
유튜브 영어쌤들**

초판 발행 2023년 9월 20일

지은이 | 오재영
펴낸곳 | 혼공책들
이메일문의 | ohjayoun@daum.net

ISBN 979-11-98449-50-4(13740)